Jochen Schliemann
P – trauriges Reisen

fine**BOOKS**

Jochen Schliemann

P trauriges Reisen

Roman

*fine*BOOKS

© fineBooks Verlag Berlin 2018

Verleger: Alexander Broicher
Satz und Gestaltung: Guido Klütsch
Cover-Foto: Jochen Schliemann
Autoren-Foto: Thomas Rabsch (www.thomasrabsch.com)

Gemeinsam mit Michael Dietz ist Schliemann auch
im Podcast: »Reisen Reisen« zu hören.

Die Deutsche Nationalbibliothek verzeichnet diese Publikation
in der Deutschen Nationalbibliografie.

Printed in Germany

ISBN 978-3-9819493-8-4

Frei zu lernen, ohne Schuld.

Inhalt

BOLIVIEN	9
EINS	22
NAIROBI	39
RUANDA	68
BUENOS AIRES	77
SALTA	83
JAMAIKA	99
KUBA	111
USA	129
GRÖNLAND	145
BANGKOK	156
LAOS	160
INDIEN	173
SCHLAF	182
JAPAN	189
MALI	202
ZWEI	214
DREI	221
VIER	226

BOLIVIEN

Weiß. Spiegelglattes, grelles, für das Auge viel zu helles Weiß. Oben wie unten. Rechts wie links. Überall. Tim stand auf einer kleinen Anhöhe und blickte in ein rundherum alles dominierendes, alles ausmerzendes Weiß. Seine Augen schmerzten. Würden seine Pupillen noch kleiner, würden sie verschwinden. Und doch traf immer noch viel zu viel Licht auf seine Netzhaut und verbrannte sie wie ein Flammenwerfer ein ausgedörrtes Blatt.

Neben ihm auf diesem Eiland inmitten dieses weißen Meeres war nicht viel. Es ragten noch ein paar Kakteen in die Höhe. Weit größer als Tim waren sie, und zu ihren Füßen, auf dem steinigen Untergrund, hatten sich ein paar gelbe Halme zu kniehohen Büscheln gesammelt. Nur diese Pflanzen schafften es, dieser extremen Trockenheit zu trotzen.

Die Atacama-Wüste in Chile und die danebenliegende Salar de Uyuni in Bolivien waren der lebensfeindlichste Raum, in dem Tim bisher gewesen war und jemals sein würde. Letzteres schwor er sich gerade. Denn seine Lippen waren spröde wie rissiges Schleifpapier, seine Gesichtshaut spannte, war verbrannt, seine Hände waren rissig, eine Dose Feuchtigkeitscreme wäre binnen Sekunden gänzlich in seiner Haut verschwunden, und er musste scheißen. Tim musste scheißen. Und zwar richtig. Gewaltig. Mit ungewissem Ausgang. Und zwar jetzt. Nicht gleich. Die Signale durchfuhren ihn in dieser Sekunde, der innere Alarm wurde ausgelöst, und er kannte sich gut genug, um zu sagen: Das wird etwas Besonderes.

Drei Tage waren er und die drei jungen Engländer, die er im letzten Dorf kennengelernt hatte und die auf Drogensafari durch Südamerika waren, in einem weißen Jeep, der im Gegensatz zur aktuellen Umgebung allerdings eher gelblich-grau schien, durch dieses wahrscheinlich trockenste Gebiet der Welt gefahren. Auf über 4.500 Metern waren sie teilweise gewesen, hatten in heißen Quellen gebadet, die nach Schwefel stanken, waren über unendliche, menschenleere Gebirgspässe gerast und durften wirklich unfassbare Weiten und Farben sehen.

Einmal waren die vier – Fahrer Pedro machte derweil ein Nickerchen im Jeep – stundenlang durch einen bizarren tiefroten See gewatet. Durch knietiefes, rotes Wasser, vorbei an weißen Salzschollen, um zu einem gelb bewachsenen Berg zu gelangen, der unter einem glasklaren blauen Himmel thronte und vor dem sich in dem blutroten Wasser eine Flamingokolonie niedergelassen hatte. Aus dem Wagen hatten sie dieses entrückte Panorama gesehen und Pedro sofort zum Anhalten bewegt.

Tim hatte sich wie auf dem Mars gefühlt bei diesem Spaziergang. Zumal die Münder der anderen sich zwar bewegt hatten, aber ihre

Worte in dem extremen Wind nicht zu hören waren. Das Pfeifen des Windes war so stark und unerbittlich gewesen, dass Personen, die nur wenige Meter von ihm entfernt waren, meilenweit weg schienen.

Erst nach etwa einer Stunde Wanderung hatten sie realisiert, dass sie es nicht schaffen würden. Der Wind, die Kälte, die Sonne, die Trockenheit, das Salz, das sich immer mehr auf ihnen niedergelassen hatte – hatten sie kapitulieren lassen. Wie euphorisch waren sie noch aus dem Wagen gesprungen und wie aufgeregt waren sie runter zu diesem völlig bizarren Stück Natur gerannt und hatten damit eigentlich schon ihren Sauerstoffvorrat in der so dünnen Luft verprasst. Aber der Blick hatte sie alles vergessen lassen. Das konnte es eigentlich gar nicht geben. Nicht auf diesem Planeten. Und wie geschunden waren sie wenig später zurückgekehrt mit trockenen, salzigen Mündern, aufgeplatzten Lippen, durchgefroren und hungrig.

Übernachtet hatten sie in irgendwelchen Betonverschlägen an irgendwelchen Pisten in irgendwelchen leerstehenden Etagenbetten. Graue Baracken – voll mit Sand und Staub. Geschlafen hatte Tim immer wie ein Stein, bis er in einer Nacht aufgewacht war mit dem Gefühl, ersticken zu müssen. Er hatte stechende Kopfschmerzen, sein Körper schrie nach Sauerstoff, Schwindel, Atemnot, Pissen-Müssen. Er schälte sich aus seinem gerade ausreichend warmen Schlafsack und ging raus in die viel zu kalte Nacht.

Der Sauerstoffgehalt auf dieser Höhe war zu niedrig, das hatte er geahnt, aber die Ausmaße hatte Tim nicht ernst genommen. Sein Körper war eigentlich seit Tagen im Ausnahmezustand, und jetzt meldete er sich immer deutlicher. Zudem pendelte die Temperatur in dieser Region in der Zeit eines Sonnenuntergangs zwischen trockener Hitze im Hellen und zweistelligen Minusgraden im Dunkeln.

Was Tim dazu bewegte, nur ein bis zwei Schritte aus dem Verschlag zu gehen und einfach auf den Platz vor dem Eingang zu pissen, über den morgens jeder gehen würde.

Jeder Muskel in seinem Körper war angespannt wegen der Kälte, sein Schädel pochte, seine Urin schien sofort zu verdampfen, als er in den sandigen Boden einschlug, den Tim seltsamerweise ziemlich gut erkennen konnte. Dunkelblau schimmerte er. Tim richtete seinen Blick nach oben, und sein Herz blieb fast stehen. Als könnte er reingreifen in dieses Meer aus Sternen, das über ihm leuchte. Millionenfach glitzerten sie. Bei den großen konnte er fast eine eigene Form erkennen, die kleinen waren ebenfalls klar definiert und verwischten, erst als sie sehr klein wurden und gleichzeitig immer zahlreicher, zu schimmernden Schleiern.

Tims Herz tanzte. Er versuchte kurz, sich an ein paar Sternbilder zu erinnern, irgendetwas zuzuordnen, aber er konnte sich nicht konzentrieren bei dieser Pracht, die sich über ihm von Bergkette zu Bergkette und dahinter noch weiter in die Endlosigkeit erstreckte. Fast meinte er die Wölbung der Atmosphäre zu erkennen. Das Universum in all seiner Pracht zeigte ihm heute sein scheues, aber funkelndes Antlitz. Es war nicht ein Bild oder ein Moment, es war kein Foto oder eine Anekdote, es war ein nicht enden wollendes expressionistisches Gemälde, das keine Kamera, kein Mensch, niemand in Worte oder irgendetwas anderes fassen konnte, geschweige denn begreifen.

Tim war ganz ruhig. Wenn das alles wirklich existierte – und es war ja da – dann hatte er kein Problem. Dann war seine Existenz tatsächlich so unbedeutend, wie er sich das immer gewünscht hatte. Dann war er nicht in der Lage, auch nur irgendein Leid bemerkenswerter Größe zu verursachen. Aber wieder konnte er diesen Gedanken nicht zu Ende bringen, weil ihn die schiere Pracht des Himmels übermannte. Wäre es nicht so unfassbar kalt und windig gewesen, er hätte sich den Nacken ausgerenkt. Oder sich hingelegt und sich gezwungen, niemals mehr einzuschlafen, um ja nicht auch nur eine Sekunde diesen Anblick zu verpassen. Dieses wunderschöne, brachiale Firmament, das jede Form von Logik überstieg.

Als Kind hatte er sich immer wieder die Unendlichkeit des Universums vorzustellen versucht. Er liebte es, an die Grenzen des Begreifbaren zu kommen. Den Moment, in dem sein auf Logik geschultes Gehirn schlicht kapitulierte. Wo war der Anfang von allem? Und vor allem: Wo endete es? Und was war dahinter? Alle jemals gewonnenen Erkenntnisse, alles geballte Wissen und alle Kapazität eines Gehirns konnten das nicht sagen. Der Ausgangspunkt und das Ende von allem waren unlogisch. Der Mensch würde nie ganz verstehen. Tim beruhigte das. Ihn hatte das schon immer sehr glücklich gemacht, und noch nie war diese Unlogik so zum Greifen nah wie in diesem Moment.

Er hielt es gegen jede medizinische Vernunft noch etwas aus und ging, nicht ohne sich noch dreimal umzudrehen und nach oben zu schauen, wieder rein. Im Schlafsack wurde ihm klar, wie tief die Kälte in seine Knochen gedrungen war. Ewigkeiten dauerte es, bis sein geschwächter Körper sich wieder aufgewärmt hatte.

Worte, Schritte und Knistern weckten ihn auf. Als er in der bereits früh morgens gleißenden Sonne seinen Koffer neben die Wanderrucksäcke in den Jeep stellte, schaute er nach unten an die Stelle, an die er gepisst hatte. Nichts zu sehen. Und er schaute nach oben. Nichts zu sehen. Von dem, was da gerade immer noch ist. Er grinste.

Als der über Nacht ausgekühlte Jeep losfuhr und die Sonne schnell durch die geschlossenen Scheiben begann, ihn aufzuheizen und das Raumklima etwa für zehn Minuten in einem angenehmen Zustand zu halten, bevor alles zu heiß wurde, schaute Tim aus dem Fenster und schwieg. Das Gerede der anderen nahm er nur als Geräuschteppich war. Seine Augen hakten aus, konnten sich nicht mehr fokussieren, und trotzdem sah er scharf. Weil er weit genug schauen konnte.

Über Schotterpisten passierten sie malerische, schneebedeckte Berge, spiegelglatte Seen, Kraterlandschaften, aus denen gelber Rauch aufstieg, Sandwüsten mit über Jahrtausende erodierten Felsen, die unlogische Formen hatten.

Ungefähr an diesem Tag musste es passiert sein. Rückblickend war logisch, dass Mayonnaise, die tagelang hinter einem Autofenster bei Temperaturen zwischen 30 Grad plus und 15 Grad Minus gelagert wurde, nicht im besten Zustand sein konnte. Die Keime mussten Tango getanzt haben auf dem weiß-gelblichen Fetthaufen, der in der nur halbverschlossenen Dose wahrscheinlich sogar noch ein wenig gewachsen war. Doch bei einem existenziellen Hungerschub auf dieser Höhe war reflektiertes Denken nicht möglich. Außerdem gab es eh nichts anderes. Er stopfe alles in sich hinein.

Und genau jetzt, einen Tag und eine bereits unangenehme Nacht später, schoss Tim auf dieser kargen kleinen Anhöhe mitten im Nichts, mitten in der Salar de Uyuni, unmissverständlich und ohne große Vorankündigung die Erkenntnis ins Bewusstsein: »Ich. Muss. Scheißen.« Genau jetzt. Die anderen winkten schon vom Jeep unten am Rande der Insel, aber es gab keinen Diskussionsspielraum. Und während Tim das noch zu Ende verstand, ging er bereits wie ferngesteuert den Weg zu diesem von Latten eingezäunten Loch im Boden, das sich Toilette schimpfte. Keine Sekunde länger hätte es dauern dürfen. Nicht auszudenken was passiert wäre, wenn sein Gürtel gehakt hätte. So blieb vorerst eine epochale Erleichterung, der allerdings schon auf dem Weg zum Jeep die Erkenntnis folgte: Es ist noch nicht vorbei.

Es gab nur einen Weg. In ein Bett, zu einem Arzt oder gleich in ein Krankenhaus. Und der einzige Weg hier raus führte mitten durch das Weiß. Tim durfte vorne sitzen. Ein Privileg, aber die Engländer verstanden nach ihren ersten 20 sarkastischen Kommentaren relativ schnell, was los war. Hinter Tim quetschten sie sich auf die Rückbank. Der eine in der Mitte, Phil, hatte sein Telefon in der Hand, das durch ein Kabel mit dem Autoradio verbunden war. Er war dran mit Musik. Phil entschied sich, der Landschaft und nun auch Tims Zustand angemessen für Pink Floyds »Dark Side of the Moon«.

Was hatten sie schon für große Musikmomente gehabt in diesem Jeep. Etwa als sie Queens »Greatest Hits«, Teil 1 und 2, komplett durchhörten. Immer lauter machten sie. Pedro schaute nur verdutzt, hatte aber letztlich keine Wahl und sang schließlich irgendetwas mit, obwohl er die Songs gar nicht kannte, als sie zu fünft in diesem Wagen viel zu schnell über einen Gebirgspass rasten.

Von außen muss das gewagt ausgesehen haben, von innen war es Wahnsinn. Die Engländer standen fast, als Tim »Bohemian Rhapsody« anmachte. Jede Zeile sangen sie mit. Erst eierten ihre Stimmen im bemüht gefühlvollen Bereich, dann kam das »MAMAAAAAA!!!!!«. Und ab dann wurde eigentlich jede Zeile unterstützt von geballten Fäusten wie bei Tennisspielern, die einen Satz im Endspiel gewonnen hatten.

Selbst die Chöre sang der kleinste der drei Engländer mit. Das Solo spielte der Lange, während Tim versuchte, den Fahrer mitzureißen.

Und als der Operettenpart, den Tim bis heute niemals auch nur im Ansatz verstanden hatte, aber komplett auswendig konnte, eingeleitet wurde von den knappen Pianoakkorden, stand England auf. Im fahrenden Jeep, auf 3.500 Meter Höhe. Und als dann der Operettenteil – perfekt intoniert von allen Beteiligten exklusive Pedro – in den Rockteil mündete, entkoppelte sich die Situation komplett. Haare flogen, halbleere Wasserflaschen, ein vor Freude schreiender Bolivianer, der sinnentleert aufs Gas drückte, Hände an den Schultern, Bangen bis zum Schleudertrauma – sie rasten in den Orbit.

Als dieses Retro-Armageddon schließlich endete mit den versöhnlichen bittersüßen Zeilen »Nothing really matters to me«, erfüllte Rührung die dünne Luft. Es gab sogar ganz ehrlichen, gerührten Applaus und dann Ruhe. Tim machte keinen neuen Song an, und wo sonst nach Sekunden Vorschläge durch den Raum flogen, herrschte kurz Ruhe. Der Wagen rollte über eine relativ ebene Strecke, das dumpfe Ruckeln war das Einzige, was zu hören war, alle waren bei sich.

Der Gedanke an diesen Moment war gerade das Einzige, was Tim half. Stundenlang ruckelten sie bereits durch eine selbst durch Sonnenbrillen nicht erträgliche gleißende Hölle aus spiegelndem Weiß. Pedro musterte Tim immer wieder, um seinen Zustand zu kontrollieren. Tim sah sich dann kurz in Pedros verspiegelter Sonnenbrille – er sah seinen eigenen Kopf und das Weiß. Dann schaute er wieder nach vorne in der Hoffnung, irgendein Zeichen von Zivilisation am Horizont erkennen zu können.

Aber der Horizont war verschwommen durch die Hitze, und der kniehohe Wasserfilm verstärkte die Reflexion des Salzes am Grund der Salar de Uyuni so sehr, dass Tim das Gefühl hatte, er sei in einem viel zu hellen Raum ohne Wände. Ohne Widerstand, ohne Atmosphäre. Sie fuhren durch einen komplett weißen Raum aus Licht, während Pink Floyds »Dark Side of the Moon« die Geschichte eines Menschen erzählte, der langsam, aber sicher schizophren wird. Tims Gedanken machten ab jetzt alleine weiter.

Tim liebte Freddie Mercury. Für ihn war Freddie Mercury nicht nur der Inbegriff eines Sängers und eines Frontmannes einer Band namens Queen, er war auch ein leuchtendes Vorbild dafür, wie man ein Leben führen kann. Mercury war ein hässlicher Vogel. Er hatte einen Überbiss wie ein Pferd, relativ früh schütteres Haar, war zudem ein durchaus introvertierter Mensch und nicht ohne Komplexe. Beim Lachen hielt er sich die Hand vor den Mund wegen seiner Zähne, und hadern mit sich selbst konnte er angeblich auch besonders gut. Auf der Bühne aber gab es keinen anderen Weg als nach vorne. Nicht blind über alles hinweg. Sondern mitten durch. Trotz allem! Seht her! Ich bin super! Und ihr sowieso!

Tim hatte nie in seinem Leben einen besseren Live-Sänger gesehen. Selbst zweistündige Stadionshows sang Freddie Mercury so kraftvoll wie viele angeblich große Sänger das höchstens zehn Minuten lang können. In jeder freien Sekunde rannte er zudem auf der Bühne herum, feuerte die Menschen an, breitete die Arme aus, wackelte mit dem Arsch – es gab keine Grenzen. Auch modisch. Freddie kleidete sich teils fast unerträglich schrill, aber für Tim war dieser Mann, je länger er über das Leben nachdachte, die coolste Sau auf dem Planeten.

Freddie hatte garantiert viele Kämpfe mit sich auszutragen gehabt. Am Ende die schreckliche Krankheit, davor sicherlich irgendwann die schlimmerweise damals noch weniger gern gesehene Homosexualität. Aber Freddies Lösung hieß immer: nach vorne. Das Leben nehmen, es umarmen, sich nicht verstecken. Trotz oder gerade wegen des Leids die größten Songs der Welt schreiben und darin nicht einfach Sachen nur zu verarbeiten, sondern daraus etwas Neues bauen. Es gibt keinen anderen Weg, als sich zu lieben. Als von Moment zu Moment das Beste zu geben und zu nehmen. Leben war jetzt. Alles andere machte keinen Sinn. Reue funktioniert nicht, Selbsthass funktioniert nicht, Schuld funktioniert nicht, Angst funktioniert nicht. Und dennoch war es so schwer, das umzusetzen. Freddie half Tim dabei, es zumindest zu versuchen.

Damit war auch dieser Gedankengang verbraucht. Der Wagen wackelte in Weiß. Tim nahm jetzt alles nur noch schemenhaft war. Magenkrämpfe, permanente Übelkeit, Kopfschmerzen sowie die komplette Unsicherheit darüber, wie schlimm es noch werden würde, was da genau in ihm passierte, was sich da vermehrte, und was am Ende dieses Horrortrips auf ihn warten würde, schossen durch seine schwammige Wahrnehmung. Hinzu kamen die Sorge und leider auch die unbewusste Hoffnung, dass der Damm bald ein nächstes Mal brechen würde. Erleichterung. Endlich raus mit der Scheiße.

Aber wohin? Und wie würde das ablaufen? Dem Fahrer sagen, dass er anhalten soll? Und wenn der zunächst ungläubig schaute, lauter werden, ihn schnell anschreien, zur Not die Handbremse selbst ziehen, da es hier um Millisekunden ging? Die Tür während der Fahrt noch aufreißen, raus in die Hitze, die sofort im Nacken brannte und einfach rein mit den einzigen Schuhen in das kniehohe, ätzende Nass? Hose auf, Hose runter und das ganze wunderbare Weiß vollpumpen mit Scheiße?

Unter den Augen Englands und Boliviens würde ausgehend von Tims Arsch dieses wunderbare, jahrtausendealte und unberührte Naturwunder, für das Menschen aus der ganzen Welt anreisen, vollgepumpt mit Kot. Mit brauner Soße, die diese unwirkliche Schönheit zunächst infiltrierte wie Blut, das in einen Tropf zurückläuft. Sich dann langsam und immer mehr ausbreitete wie Kirschsaft im Bananensaft. Und dann diesen kompletten verfickt weißen und nahezu unberührten Fleck Erde für immer und komplett tauchen würde in Kotbraun. Alles wird braun. Von Tims Scheiße. Der Himmel, das Wasser, der plötzlich fallende Regen, die Erde, der Jeep, die Gesichter der Engländer und Pedros.

»Us And Them« hallte es durch die Boxen. Und jeder kleine Hügel, jede Unebenheit rückte Tim näher an diesen Moment. Sein Sichtfeld flimmerte, sein Hirn surrte wie ein offenes Kabel im Regen, seine Augen stimmten ein und waren längst ausgehakt, aber er sah ohnehin nichts mehr. Das Finale von »Dark Side of the Moon« umwaberte ihn in unendlichem Hall, gebückt saß er da, bewegte sich nicht mehr, war ganz ruhig von außen. Er musste irgendwie bei Bewusstsein bleiben, damit er nicht bei der nächsten Unebenheit mit dem Kopf auf das Armaturenbrett knallte.

Als der Wagen irgendwann nach einem letzten starken Ruck vom Salzsee auf eine Schotterpiste fuhr, war er zu schwach, um sich zu freuen. Als sie schließlich das kleine Dorf Uyuni erreichten und direkt zum Krankenhaus fuhren, behielt man ihn sofort da. Er saß nur kurz im Wartezimmer. Andere Patienten steckten gern zurück, so, wie er aussah. Er wurde hingelegt, an einen Tropf angeschlossen, hatte wenig später nur ein Nachthemd an (was praktisch war bei seinem nicht enden wollenden Drang zu scheißen) und lag in einem Raum ohne Fenster. Ein leeres Bett stand neben ihm.

Tagelang lag er dort. Der Tropf pumpte ihn voll, sein Darm pumpte ihn leer. Dr. Mario kam morgens mittags und abends. »Germany! Alemania!«, freute er sich jedes Mal. Machte Scherze vor dem ihn begleitenden Ärzteteam. »Beckenbauer, Rummenigge«, hörte Tim aus dem Mund des in die Jahre gekommenen bolivianischen Doktors mit italienischen Wurzeln. Ein bisschen »Scorpions«, ein bisschen »Oktoberfest« – das Übliche halt, das ganze deutsche Programm. Tim konnte sich nicht wehren.

Teilnahmslos lag er da, als Dr. Mario ihm den Arm abband, eine zu große Spritze auspackte, die Vene suchte mit seinen in Plastikhandschuhen steckenden Fingern, und gerade als er mit der spitzen Nadel durch Tims Haut in die pralle, blaue Vene stach und das Blut in das Gefäß hinter der Nadel herausschoss und durch den von Doktor Mario erzeugten Unterdruck immer mehr wurde im Körper der Spritze, gerade in dieser Sekunde schaute der bolivianische Arzt Tim in die Augen und sagte mit breitem Grinsen: »Hitler was a good man.«

Die Tage waren lang. Und es wurden immer mehr. Tim starrte die Wand an. Stundenlang. Er musterte jeden einzelnen Riss in dem durchschnittlich verputzten Gemäuer. Irgendwann kam die Oberschwester und erkundete sich nach seinem Befinden. Eine komplette Änderung seines Zustandes war bisher ausgeblieben. Es war besser, er war stabil, aber gut war es nicht. Die Schwester meinte allerdings auch seinen psychischen Zustand. Wie es ihm ginge. Tim schüttelte den Kopf, schwieg und starrte die Wand an.

Der Doktor kam hinzu. Er musterte Tim. Einige Zeit unterhielten die Schwester und Mario sich auf dem Gang. Dann verschwand sie kurz und kam wieder mit einem silbernen Tablett, auf dem etwas lag, das so aussah wie Tims Spültabs zu Hause. Eingeschweißt in

Plastik war dieser Klostein. Groß, blau und weiß an den Rändern und in der Mitte mit einem roten Punkt. Daneben stand ein Becher Wasser, in den der Stein kaum reingepasst hätte. Mit Worten und Gesten machte die Schwester Tim klar, dass er das Ding jetzt nehmen sollte. Er fragte mehrmals nach, aber beide, die Schwester und Dr. Mario, nickten. Immer wieder. Unmissverständlich. Tim nahm das Ding, presste es mit dem Schlückchen Wasser vorbei an seinem Kehlkopf durch seinen Hals, der wehtat danach. Jeden Zentimeter seiner Speiseröhre spürte er das Teil hinunterwandern. Er sank zurück in sein Bett. Und fiel in einen tiefen Schlaf.

EINS

Tim nahm seine Jacke vom Haken. Er zog sie an, sah in den Spiegel. Er schaute sich in die Augen und begutachtete die grünlich schimmernden Ränder unter ihnen. Je näher sie der Mitte seines Gesichtes kamen, desto dunkler wurden sie. Fast schwarz. Er drehte sich um und sah durch den Türspalt kurz den Wohnzimmertisch, den er auch mal wieder aufräumen müsste.

Er öffnete die Haustür, trat hinaus und zog sie hinter sich zu. Er schloss ab. Er ging die Treppen herunter, zückte dabei – wie immer – bereits sein Telefon und studierte erste News und Nachrichten. Er verließ das Haus, ging links die Straße entlang, rechts runter in die U-Bahn. Er wartete auf die Bahn. Er wartete länger auf die Bahn. Bis der kalte, schmutzige Wind, der ihm ins Gesicht blies, die Einfahrt des Zuges ankündigte. Er stieg ein, bog rechts ab durch die sich am Eingang drängenden Menschen, er setzte sich hinten in die Ecke auf den einzigen allein stehenden Schalensitz aus Plastik. Der Zug fuhr an.

Ein paar Stationen später sah Tim hoch. Menschen. Es wurden mehr. Er ließ den Blick schweifen. Taschen, Jacken, Hosen, Schuhe, Ärsche, Gesichter, Kinder, Spiegelbilder in den Fenstern. Manchmal trafen sich kurz zwei Augenpaare, aber niemand hatte ernsthaft das Bedürfnis nach Kontakt. Niemand war freiwillig hier.

Manchmal, wenn die Bahn stand in einem dieser Tunnel, in diesem scheinbar unendlichen unterirdischen Geflecht aus schwarzen Schläuchen, manchmal, wenn Tim lange genug durch die Scheibe nach draußen ins Schwarz starrte, erkannte er die Wand des Gemäuers. Dunkel und pelzig vom Smog war sie. Zu schmutzig für Schwarz. Eher ein fast schwarzes Grau, das nur durch jahrelange Penetration mit Abgasen, schwüler Hitze im Sommer und erbarmungsloser Kälte im Winter hatte entstehen können.

Tim starrte auf dieses Gegenteil von allem Schönen, studierte den giftigen Staub und Moder und merkte irgendwann, wie seine Augäpfel aushakten. So nannte er diesen Vorgang. Nichts wurde mehr fokussiert, alles verschwamm. Seine Augen waren weit geöffnet, alle optischen Informationen flossen hinein durch die beiden Löcher in seinem Frontkopf, der volle Schwall an Informationen wurde gespiegelt und an seine Netzhaut projiziert.

Aber irgendetwas in seinem Blickfeld zu fokussieren, irgendetwas in sein Bewusstsein zu lassen – sein Geist tat es einfach nicht mehr. Die Stimmen um sich herum nahm Tim dann nur noch als dumpfes Rauschen wahr. Das Gemecker der Spießer, das Geschrei der Kinder, das Telefonieren der Egomanen, das Husten der Kranken, das Betteln der Penner, das Gelaber der Verrückten, die Durchsagen der Roboter.

Angekommen im Bahnhof, der seiner Arbeitsstelle am nächsten lag, schlängelte Tim sich durch das Abteil – vorbei am unerträglich engen Aneinander von Umständen, Zuständen, Eigenarten, Gerüchen und Egos – zum Ausgang und ließ sich auf den Bahnsteig spucken. Eiskalt war es. Sein Körper war hermetisch abgeschottet von der Außenwelt. Schal, Jacke, Schuhe, Mütze – er konnte sich kaum bewegen. Er hasste Kälte. Er hasste den Winter. Das ewige Hin und Her zwischen heiß und kalt, trocken und nass, der logistische Großaufwand, den er betreiben musste, wenn er einfach mal nach draußen wollte.

Er ging denselben Weg wie jeden Morgen. In Fahrtrichtung die kaputte Rolltreppe hoch, vorbei an einem nach Chemie stinkenden Nagelstudio, einem Kiosk mit einem Verkäufer, der jeden Tag seines Lebens hier, unter der Erde verbrachte, einem widerlichen Brötchenstand – an dem die bereits leicht oxidierten Industriefleischbrocken hinter einer dreckigen Glasscheibe drapiert waren –, eine Treppe hoch auf die Straße, wo der Tag in der Stadt nun langsam begann. Rentner sammelten sich vor Kaufhäusern, weil sie keine Aufgaben hatten, außer Geld zu sparen, das sie niemals für etwas ausgeben würden. Bizarre kleine Gefährte reinigten in bedrohlich schnellen Bewegungen den Gehweg. Auf Pappkartonresten und unter Lumpenhaufen bewegten sich die Penner, die die Nacht überlebt hatten. Und aufgestylte Frauen stolzierten arrogant, schnell, mit klappernden Absätzen und schnellen Schritten in die Hauseingänge ihrer Arbeitsstellen, während sie sich mit spitzen Fingern und hochgeklappten Lippen ein möglichst kalorienarmes Treibmittelprodukt des Kettenbäckers, der auf ihrem Weg lag, verabreichten.

Tim ging diesen Weg öfter als jeden anderen in seinem Leben. Er hörte Musik dabei, um es zu ertragen. Er kannte jede Ecke, jeden Schriftzug, jedes Haus – das Schild da hinten war neu. Er kannte die

Leute, die kahlen Bäume, die kleinen grauen, verdreckten Schneematschhügel in Pfützen, die einfach nicht ganz verschwinden wollten – tausendmal angetaut, dann wieder leicht gefroren, grobkörnig und unter all dem Dreck vielleicht noch ein bisschen weiß, aber nach unten immer grauer bis zu dem schwarzen Wasser, in dem sie standen.

Tim ging seinen Weg. Stehenbleiben wäre schwieriger. Da vorne links, über diese nach oben gewölbte Brücke über den längst umgekippten Stadtsee, vorbei an ein paar Typen, die dort immer soffen, Analogkäse aus dem Supermarkt fraßen und angelten, ohne ernsthaft an einen Fang zu glauben. Und gleich: klingeln, warten, Namen sagen, das Surren, reingehen, Fahrstuhlknopf drücken, Fahrstuhl kommt, Schiebetür auf, Gesichter, Knopf, auf den Boden starren oder ein bisschen Small Talk rauszwängen, aussteigen, Glastür, warten, bis der Empfang dich sieht, diese tonnenschwere Tür ziehen, rein, lügen, dass es einem gut geht, an den Tisch gehen, ausziehen, Powerknopf drücken, setzen.

Als Tim auf die Klingel zuging und seine Hand nur kurz aus der Hose an die klirrende Kälte ziehen wollte, um zu klingeln, verharrte sie noch ein paar Sekunden länger in der Tasche als sonst. Das Lied, das er gerade hörte, fand er gut, und manchmal, wenn das der Fall war, ging er noch einmal um den Block. Hörte das Stück zu Ende. Er gönnte sich das ab und an. Fünf Minuten Freiheit. Verrücktheit. Eigenen Willen. Erfüllung. Das war heute der Fall. Er war eh früh dran.

Er ging vorbei an dem Hochhaus, in dem er arbeitete, und erreichte den Park, den er aus seinem Bürofenster sehen konnte. Jeden Tag sah er diese Grünfläche von oben, die Hunde, die Herrchen, die Omas, die Radfahrer. Die Mütter mit Kind, die Jogger, die Studenten. Aber betreten hatte er diesen Ort noch nie. Auf seinen Extrarunden blieb er immer auf den vorgezeichneten Wegen. Nicht aus Gehorsam. Er hatte einfach nie darüber nachgedacht. Was sollte auf dem Rasen schon sein? Gras, Nässe, Hundescheiße.

Heute ging er, als der Weg eine Biegung machte, geradeaus. Auf den Rasen. Er ging ein wenig und blieb stehen. Er drehte sich um, blickte auf das schmale Grün, das er eben erstmals beschritten hatte, er blickte auf die Stelle, an dem er den Weg verlassen hatte. Er blickte hoch auf das Haus, in dem seine Arbeit wartete. Ein Glas-und-Stahl-Bau, glänzend, stabil, wohl modern gemeint. Weder hässlich noch schön. Funktional. Einfach da. Niemandem konnte dieses Gebäude etwas bedeuten.

Tim sah hinter dem einen Fenster sein Büro. Da standen seine Ablagefächer aus stumpfem Kunststoff auf seinem Schreibtisch. Aus ihnen ragten nicht sauber zusammengelegte Zettelberge. Tim saß dort jeden Tag. Er konnte jeden Tag hier herunterschauen. Er tat es selten. Und wenn er es tat, dann tat er es irgendwie nicht so lange, wie er es müsste, um diesen Platz zu würdigen – dachte er gerade. Diesen völlig unspektakulären Fleck Rasen auf einer völlig unspektakulären Rasenfläche in einer völlig egalen Ecke einer, ehrlich gesagt, völlig egalen Stadt.

Tim ging zurück auf den Weg, der da vorne eine Kurve nach rechts machte. Wahrscheinlich würde er in ein paar Minuten bei seiner Arbeitsstätte rauskommen, wenn er ihr folgte. Auf der anderen Seite des Gebäudes wäre er dann wohl. Er könnte da dann auch klingeln. Hatte er selten gemacht, aber ging. Er ging um die Kurve. Und nun stand er vor der Tür. Er klingelte wieder nicht. Die Hand steckte leblos in der Tasche. Er schaute an sich herunter. Nichts bewegte sich.

Er ging weiter. Weg vom Park in Richtung Stadt. Geradeaus, dann links in ein Wohnviertel. Väter trugen ihre Kinder die Eingangstreppen der Häuser herunter, manche zogen sie auf Schlitten über den letzten Rest Schnee. Die Kufen schrien auf, immer wenn sie über den Teer schleiften. Autos versuchten einzuparken, Restaurants wurden beliefert. Eine Bahnbrücke. Er ging unter ihr durch, vorbei an Plakaten und Graffitis, hinein in ein weiteres Wohnviertel.

Er erreichte ein Café. Es war einer dieser schäbigen Kettenläden, die mit halb amerikanischem, halb künstlichem Vintage-Interieur und einem Namen, der irgendwann vielleicht mal für Urbanität gestanden hatte, versuchten, Menschen anzulocken, die sich in ihm als Teil des städtischen Lebens fühlten, weil sie es nicht besser wussten. Der Laden war voll.

Das Menü mit verzierten Überschriften, das draußen vor dem Eingang hing, war höchst durchschnittlich. »All You Can Eat«-Frühstücksbuffet jeden Sonntag, an dem sich das vom Vorabend noch versoffene Volk schön nach längerem Warten in der Schlange mit all den anderen Lemmingen sammeln und dann fettfressen konnte. Und dann die Hälfte des Mülls, des Salzes, Zuckers und der Kohlenhydrate auf den pro Person durchschnittlich zwölf benutzten Tellern liegenließ, während aus den Boxen Loungemusik kroch, die man nachts im Fernsehen bestellen konnte. Oder Swingalben längst uncooler Künstler oder schwache Coverversionen. Tim hasste diesen Laden, ohne dass er ihn jemals betreten hätte. Er setzte sich hinein.

Der billige, in schlimmem Grün gehaltene Kunststoffstuhl mit sinnlosem Sitzkissenmuster auf der anderen Seite des runden Fake-Marmortisches kippte fast um unter Tims Winterbekleidung. Er bestellte sich einen frisch gepressten Saft für zu viel Geld. Er schaute durch eine Scheibe nach draußen in die Fußgängerzone.

So lange war er schon auf der Welt, und immer noch faszinierte ihn der schlichte Umstand, wie viele Menschen auf ihr herumliefen. Wie viele allein jetzt gerade in seinem Blickfeld waren. Und jetzt wieder weg. Und schon wieder neue. Wie viele an ihm vorbeigelaufen waren – allein in diesen zwei Minuten, in denen er darüber nachdachte, wie viele es von ihnen gab. Alle hatten ein Ziel, ein Zuhause, Aufgaben, Ängste, Hoffnungen, empfanden Freude, Trauer, sie schliefen, redeten und dachten. Seine Kollegen würden jetzt gerade denken, Tim habe die Bahn verpasst. Das war schon einmal passiert. Er käme dann gleich.

Tim schloss die Augen. Er versuchte, an nichts zu denken, und merkte die steinharte Plastiklehne des Kunststoffstuhls in seinem Rücken. Er ignorierte das. Und versuchte wieder, an nichts zu denken. Einfach mal an nichts. Nach ein paar Sekunden begriff er, dass das nicht funktionierte, weil er ja gerade daran dachte, an nichts zu denken.

Er ärgerte sich darüber. Würde er an nichts denken, dürfte ihm ja gar nicht bewusst sein, dass er an nichts dachte. Weil er dann ja nicht einmal denken würde, dass er nichts denkt. In dem Moment, in dem er an nichts denkt, dürfte ihm das also gar nicht auffallen. Und auch nichts anderes. Dann allerdings würde ihm nie bewusst werden, dass er gerade an nichts dachte. Selbst wenn er es gerade täte. Wobei: Wenn er das täte, täte er ja etwas. Also nicht nichts. Und überhaupt: Vielleicht hatte er ja schon oft an nichts gedacht. Aber woher sollte er das wissen? Er hätte ja in dem Moment nichts gedacht. Sein Saft kam.

Der Saft war eiskalt und sauer. Er nippte alle fünf Minuten ein wenig, aber selbst das zerfraß ihm seine Mundwinkel, seinen Gaumen und weiter unten wahrscheinlich auch seinen Magen wie

Säure ein vor Schmerz schreiendes Soldatengesicht. Alles war scheiße. Und trotzdem war es zu ertragen. Irgendwie. Wenn er schon seinen Arbeitgeber verprellte, dann wollte er es jedenfalls genießen. Ob sie böse sein würden? Oder Verständnis hätten? Wann würde das Vertrauen in Wundern umschlagen? Wann das Wundern in Unverständnis, wann das Unverständnis in Wut, wann Wut in Sorge, wann Sorge in Resignation, wann wären alle darüber hinweg und könnten weiterleben?

Er kannte diese Situation nicht. Er hatte sich nie vorstellen können, einfach einen ganzen Tag zu lügen und damit leben zu können, nur um frei zu haben. Einfach zu sagen: »Ich kann nicht«, obwohl er konnte. Tim hatte eine Tasse zu Hause. »Blaumacher« stand da drauf. Er verabscheute diese Tasse. Er sah in ihr einen der vielen Beweise für die Armseligkeit der Gesellschaft, in der er lebte. Wenn Tassen mit so einem Aufdruck verschenkt würden, wie bitter, wie fortgeschritten dumm und schwach musste das Volk sein. Sich an ein tausendfach gefertigtes Industrieprodukt mit einer schlechten Wortschöpfung zu klammern, um eine völlig unangebrachte und unerhebliche Form der Selbstgerechtigkeit zum Lifestyle zu erheben, anstatt auch nur im Ansatz ein Bewusstsein dafür zu entwickeln, dass diese Tasse nur das nächste Level eines grundlegend falschen Daseins als Diener des Kapitals markierte.

»Blaumacher«. Wie verkommen, wie durchschnittlich, wie kaputt müsse eigentlich alles schon sein, sagte er immer, wenn er jemandem diese Tasse morgens gab. Aber wenn er sonntags mal wieder Angst hatte vor Montag, wenn er nur noch dasaß, in kaltem Schweiß, verkrampft und leer, wenn er einfach nur verschwinden wollte – wählte er diese Tasse und sagte sich selbst dann immer, sie habe halt die perfekte Größe.

Tim zahlte, verließ das Café, ging runter in die U-Bahn-Station, stieg in den nächsten Zug und setzte sich auf seinen Lieblingsplatz – den Einzelsitz hinten in der Ecke. Angenehm leer war es. Die Massen waren bei der Arbeit. Er schaute in die Scheibe, an der er saß. Kurz sah er sein Spiegelbild im Schwarz, dann hakten seine Augen wieder aus. Er fühlte nichts, fuhr von Station zu Station. Er starrte aus dem Fenster, ohne etwas zu fokussieren.

Die ersten Stationen kannte er, den Hauptbahnhof, die danach auch noch, dann kamen ein paar, an denen er früher mal gestanden hatte, als er noch woanders in der Stadt gewohnt hatte. Dann sah er sein Spiegelbild nicht mehr, weil die Bahn den Tunnel verließ, dann ging es aufs Land, da kannte er nichts mehr. Immer dünner wurde die Bebauung, immer mehr Bäume mischten sich ins Bild, Grünflächen, weniger Menschen – die Provinz. Ein paar Kinder mit Schulranzen stiegen ein, Mütter mit Kinderwagen, alles in allem blieb es aber übersichtlich.

Tim war aufgewachsen auf dem Land. Die Beschaulichkeit, der Platz, die aufgeräumte Szenerie, auch die Tristesse – sie berührten ihn noch immer. Er konnte es nie genau auf den Punkt bringen, aber unterbewusst gab ihm all das Frieden. Hier komme er her, hier ginge er hin, hatte er schon immer gesagt. Er würde auf dem Land sterben, sagte er Freunden. Das passierte nicht oft und wenn dann ungefragt. Die Leute waren dann immer leicht verstört. Sie dachten, er rede vom Sterben. Er dachte, er rede vom Leben.

Irgendwann kam die Endstation. Tim stand auf dem Bahnsteig und schaute auf eine braune, hartgefrorene Koppel, auf der sich nur noch ein paar Eis- und Schneeinseln hielten. Dahinter stand eine kahle Reihe aus Bäumen. Ein Knick. Dahinter erahnte er wieder eine Koppel und wieder eine und darüber breitete sich der graue Himmel aus. Es hatte ab und zu einige wolkenlose Tage gegeben diesen Winter. Glasklar und klirrend vor Kälte. Die Sonne schrie dann vom Himmel, blendete, deckte erbarmungslos jede Hautunreinheit auf, und jeder noch so kleine Windstoß fand seinen Weg durch die Kleidung, biss sich in die Haut. Kalt war es jetzt auch, aber bewölkt. Immerhin: So trist der Himmel war, so leblos, so ohne Konturen und grau verhangen, so sehr die Sonne fehlte: Immerhin war es nicht der allerkälteste Tag des Jahres.

Als Tim sich, immer noch auf dem Gleis stehend, umdrehte, sah er ein Wohngebiet. Weiße und rote Häuser, keines höher als zwei Stockwerke. Sie ragten hinter gestutzten Hecken empor. Ab und an ein dampfender Schornstein. Tim blieb lange stehen. Nach einiger Zeit kam der nächste Zug an der Endstation an. Er sah den Leuten beim Aussteigen zu. Junge, Alte, Frauen, Männer – 15 Menschen in etwa. Alle gingen sie ihren Weg runter vom Gleis, stiegen auf Fahrräder oder verschwanden zu Fuß im Wohngebiet. Manche wurde abgeholt von ihren Liebsten. Erleichtert ließen sie sich in die Sitze der Autos fallen, die kurz darauf davonrauschten.

Unten an der Straße war ein Taxistand. Tim ging hinunter, drehte sich noch einige Male um zur vereisten Koppel und stieg letztlich in das einzige Taxi, das dort stand. Er stieg hinten ein. »Hallo«, grüßte der Fahrer. Es dauerte ein bisschen, bis Tim realisierte, dass er jetzt sagen müsste, wo es hingehen soll. Er überlegte. Er fühlte sich wie ein Lügner, als er »Woldersheim« sagte. Er hatte den Namen Woldersheim immer mal wieder auf den in der Bahn aushängenden Streckennetzplänen gelesen. Am Ende einer anderen Bahnstrecke. »Woldersheim?«, fragte der Taxifahrer zurück. »Sie meinen Wollersheim, oder?« – »Ja, sorry, Wollersheim.« – »Und wo da?« Tim überlegte. »Zentrum.«

Es roch nach kaltem Zigarettenrauch, der sich über die letzten 20 Jahre in die Ledersitze gefressen hatte. Es erinnerte Tim an seine Kindheit. Tim liebte Taxifahren. Wenig beruhigte ihn so sehr wie das dumpfe Gleiten einer ökologisch komplett verwerflichen Zwei-Tonnen-Karosse über Landstraßen. Jedes Hindernis fühlte sich gerade mal so an wie ein winziges, dumpfes Ruckeln, das ihn letztlich nur müde machte. Alles wirkte weit weg. Tim lehnte seine Stirn an die kalte Scheibe. Er merkte, wie seine Netzhaut das Bild der unentwegt vorbeirauschenden Mittelstreifen der Straße an sein Gehirn schickte. Irgendwann wurden die Streifen länger, machten einen Bogen und wurden zu einer durchgehenden Linie.

»32 Euro.« Die Autotür schloss mit einem dumpfen, satten Ton hinter Tim. Ein kleiner Marktplatz, ein Sonnenstudio, dessen Leuchtschriftzug zur Hälfte nicht mehr leuchtete. Eine große, nicht mehr intakte Uhr, gesponsert von der ansässigen Sparkasse, ein Schreibwarenladen, der gleichzeitig Postamt war. Tim ging nach rechts, die Straße hinunter. Er durchkreuzte ein Wohngebiet mit extrem niedrigen und extrem hohen Zäunen, mit großen Hunden dahinter. Mit Kindern, die draußen spielten, mit Rentnern, die Schnee schippten. Hier lag mehr Schnee.

Irgendwann endete das Wohngebiet auf der rechten Seite und ging links noch ein wenig weiter, bis es auch da vorbei war. Es folgten weitere kahle, gefrorene Felder. Ganz entfernt waren noch Häuser zu sehen. Der Fußweg endete. Der Wind wurde stärker auf freiem Feld. Tim ging am Straßenrand weiter, vorbei an kleinen Waldstücken, alten Höfen, wenigen Gaststätten, kleinen Tümpeln. Er durchschritt winzige Ortschaften, aber vorwiegend sah er nichts. Ab und zu sank ein Flugzeug aus der grauen Wolkendecke in Richtung

Boden. Als er vorhin an der Endstation angekommen war, hatte er die Flugzeuge bereits gehört, sie aber nicht gesehen. Jetzt wurden sie immer größer. Und lauter.

Durchgefroren näherte er sich nach einiger Zeit dem Flughafen, der nach seiner Heimatstadt benannt war, aber so weit draußen lag, dass dieser Name eine Farce war. Oft war er von hier aus schon geflogen. Dem Winter entfliehen, kleine Abenteuer, größere Abenteuer, Arbeit. Mit der »6« vom Hauptbahnhof in 25 Minuten. Die Anbindung war super. Hat die Stadt so gemacht. Tim war die Zielgruppe.

Nun ging Tim zu Fuß zum Flughafen. Er fand das kurz lustig, genoss diese ungewöhnliche Vorstellung, bis die Autos nur noch Zentimeter an ihm vorbeischrammten, während er sich die Auffahrt zum Terminal hochschleppte. Einige hupten, weil sie ihm so nah kamen. Es war kein Ort für Fußgänger. Tims Atem dampfte, die kalte Luft tat weh in der Lunge. Erst als er die parkenden Autos und Taxis sah, aus denen Menschen ihre Koffer zogen, um sich danach zu verabschieden, wich die Anspannung.

Tim ging durch die automatische Schiebetür in den Terminal und spürte sofort die Wärme. Als er die Mitte der Halle erreichte, schaute er auf den spiegelblanken, marmorierten Boden, in dem sich die Decke spiegelte. Dann sah er sich um. Er sah einen Monitor, auf dem alle anstehenden Abflüge gelistet waren. Er ging hin und studierte ihn. Minutenlang stand er dort. Kapstadt, Singapur, Moskau, Helsinki, Lissabon, Nairobi, Miami ... Oft mussten ihn andere Menschen umkurven, überhaupt blieb hier niemand länger als zehn Sekunden stehen. Nur Tim verharrte minutenlang.

Er setzte sich auf eine der Wartebänke, schaute in die Menge. Hektik, Trauer, Freude. Alle fünf Meter. Hier oben, bei den Abflügen, tat es so unerträglich weh, da unten, bei den Ankünften, herrschte pures Glück. Unten hielten sie Schilder hoch oder erkannten sich nach all der der Zeit sofort, fielen sich in die Arme, schauten sich an, lachten, weinten, zogen von dannen, oben: Schmerz. Zwei Welten, 20 Meter entfernt voneinander, getrennt durch eine Rolltreppe, die so wenige benutzten.

Tim hasste Abschiede. Er hatte nie das Gefühl ertragen, jemanden lange nicht zu sehen. Nicht zwingend die konkrete Zeit ohne sie oder ihn. Eher der Gedanke daran. All die Kilometer, die bis zum Wiedersehen zurückgelegt werden mussten, all die Energie, die einzig in die Entfernung voneinander floss. Eine Entfernung, die niemand wollte, die vorher immer wie eine Ewigkeit wirkte, bevor es irgendwann, viel zu spät erst, auf den beschwerlichen Weg zurückging.

All die Kämpfe, all die Entscheidungen, all die Sekunden, Minuten, Stunden, Wochen, Monate ohne einander. Ihm machte so etwas immer Angst, wenn es direkt bevorstand. Wie ein unüberwindbarer Berg, der aber überwunden werden musste. Selbst bei schönen Reisen waren Vorfreude, Planung und Fernweh plötzlich wie weggeblasen. Einzig die Frage blieb übrig, warum er sich das überhaupt antat. Es ging ihm doch gut zu Hause. Er hatte dort alles zum Leben. Aber nun würde sich allein die Hinreise anfühlen wie eine Weltreise. Oft hatte er nach einer danach schon genug erlebt für ein halbes Leben. Aber es würde noch Ewigkeiten länger dauern. Und er hatte es so gewollt. Er hätte es einfach lassen können.

Immer wieder hatte Tim Freunden zugehört bei ihren Urlaubsberichten, sah Bilder ihrer Flugtickets im Netz, bekam mit, wie sie sich vorbereiteten, immer mehr auf den Abschied hin fieberten, Vorfreude zelebrierten, abreisten, ankamen, Zeit verbrachten, zurückreisten – und alles war immer super. Spaß in jeder Minute. Davor, währenddessen, danach. Selbst schlimmste Erlebnisse waren total wertvolle Erfahrungen.

Wo waren die psychischen Löcher, die er immer erlebte? Wo waren die Zweifel? Die Angst, die Einsamkeit, die Langeweile, die Sinnlosigkeit, der Verzicht, die Unlockerheit? Er hatte das Reisen nie in Frage gestellt. Es war immer noch das Schlauste und Schönste der Welt. Aber Schmerz und Zweifel zu leugnen, zu tilgen, zu besiegen – er hatte es nicht nur nicht geschafft, er hatte es längst aufgegeben. Sie gehörten immer dazu. Offenbar nur bei ihm.

Wenn er nicht ging, sondern jemand anderes, war es anders. Die Wiedersehen waren bei anderen anders schön, die Abschiede anders schmerzhaft. Angst und Zweifel gab es kaum, eher eine extreme Streckung der Zeit. Zeit schien endlos in Momenten, als Liebste gingen. Lebenswege wurden entzweit. Warum? Was sollten Worte, Bilder und Versprechen bringen, wenn man nicht zusammen war? Wie sollten sie in jeder einsamen Sekunde spürbar sein, geschweige denn helfen in der entzweiten Zeit, die unaufhaltsam auf einen zurollte?

Und das war nur der Tag des Abschieds. Noch schlimmer waren die Abende davor. Als gäbe es kein Morgen, hielt man sich fest, wollte nicht einschlafen und schaffte es immer wieder kurz, sich zu belügen mit dem Gedanken, dass das Jetzt gegen alle Logik niemals enden würde. Dass alles ganz normal sei. Um dann durch einen technischen, erbarmungslosen Weckerton aus allen Träumen gerissen zu werden, um sich hektisch, müde, schwach und widerwillig auf den beschwerlichen Weg dorthin zu machen, wo man gnadenlos getrennt würde.

Tim schaute in die Menge und sah, wie sich ein junger Spund offenbar verabschiedete von einer ganzen Horde Gleichaltriger und ein paar Alten – wohl seinen Eltern. Einen Rucksack hatte er auf dem Rücken, eine Mütze auf, eine Tüte mit Sachen drückte ihm seine Mama noch in die Hand. Und während er an sich herunterschaute und irgendeine Ecke suchte, wo er das nun auch noch unterbringen konnte, weinte sie fast, schaute aber glücklich. Als wüsste sie, dass es sein müsste und auch gut gehen würde, aber trotzdem machte sie sich Sorgen.

Er grinste und gab dem älteren Herrn die Hand. Kurz zuckten sie, als wollten sie sich umarmen, aber sie taten es nicht. Die ältere Frau wollte ihn gar nicht wieder loslassen. Er griff die Hand des Mädchens, das auch einen Rucksack auf dem Rücken hatte, und sie gingen durch die Passkontrolle und winkten. Sie gingen durch den Security-Check und winkten. Sie gingen um die Ecke und winkten. Und alle winkten zurück. Er kam zurück und winkte ein letztes Mal. Und alle lachten kurz und winkten wieder zurück und waren dann doch wieder traurig. Sie verabschiedeten sich und gingen ihrer Wege. Dann waren sie weg. Sie würden nie wieder an dieser Stelle zu sehen sein. Die Verlassenen ebenso wie die, von denen sie verlassen wurden. Niemals würde es so sein vorher. Niemals.

Tim sah Männer und Frauen in Anzügen. Mit Aktenkoffern bewaffnet passierten sie wesentlich sachlicher dieselben Punkte. Ähnlich wie er morgens seinen Arbeitsweg bestritt. Routiniert zeigten sie ihre Pässe, packten ihre Rechner aufs Band, mit einem Ohr am Telefon und in ihrem runden Ablauf nur gestört von einer anderen Passagiergruppe: mittelalten Menschen in Survivalkleidung. Mit wetterfesten, atmungsaktiven Jacken, Armeehosen, Wanderstiefeln und Brustbeuteln, deren Besitzer sich unsicher und in zackigen

Bewegungen durch den Sicherheitsparcours bewegten. Wie Flipperkugeln kullerten sie willenlos von Station zu Station. Aber perfekt ausgerüstet würden sie in diesen Krieg ziehen, den andere Urlaub nennen. Und Erinnerungen zurück in die Heimat bringen, welche die Menschheit auf ein neues Level der Erkenntnis heben würden. Von ihrem Wanderurlaub auf einer Mittelmeerinsel.

Lange saß Tim noch da. Beobachtete das Treiben, schaute aus Gewohnheit auf sein Telefon, aber das hatte er im Laufe des Tages ausgeschaltet. Er grinste kurz und steckte es in seine Hosentasche. Kurz blieb er noch sitzen, dann stand er auf. Er ging zu irgendeinem Schalter. »Guten Tag.« – »Guten Tag.« Er schaute auf die Rückwand der Büroparzelle, an der ein paar Papierschilder mit aktuellen Angeboten hingen. »Ob ich Ihnen helfen kann?«, wiederholte die Frau mit dem adretten Mützchen und der Uniform offenbar nicht zum ersten Mal.
　»Ich denke nicht.« – »Bitte?« – »Also ... was haben Sie denn?«, fragte Tim. – »Bitte?« – »Wo fliegen Sie hin?« – »Heute?«, fragte sie zurück. Er nickte. Sie schaute etwas verwirrt in ihre Unterlagen. »Heute unter anderem noch nach London, Teneriffa, Nairobi ...« – »Einmal Nairobi bitte.« – »Bitte?« – »Nairobi. Geht das noch?« – »Heute?« – »Ja.«. Sie schaute in ihren Computer und hackte ab und zu ein paar Mal auf die Tastatur. Tim fand es schon immer faszinierend, wenn Menschen an einem Schalter mit harten, wissenden Fingerschlägen Sachen in Computer eingaben, um Informationen aus einem System zu ziehen, das er nicht kannte.
　»Ja, das ginge«, sagte sie mit Blick auf den Bildschirm. Dann schaute sie hoch. »Und wann möchten Sie zurück?« – »Weiß ich nicht. Gibt's auch One Way?« Sie schaute noch verwirrter. »Prinzi-

piell schon, aber das rechnet sich nicht. Das ist eigentlich genauso teuer wie mit Rückflug. Das macht kein Mensch. Falls Sie noch nicht wissen, wann Sie zurückwollen, kann ich ein beliebiges Datum ...« – »Aber One Way geht, ja?« – »Ja, sicher.« – »Ja, dann einmal Nairobi bitte. One Way.«

Seinen Reisepass hatte Tim dabei, da er vor kurzem seinen Personalausweis verloren hatte und ein anderes offizielles Dokument bei sich führen musste. Endlich machte dieser nervige Umstand Sinn. Beim Unterschreiben des Kreditkartenbeleges streifte sein Blick nur kurz die Summe, die er da absegnete. »So, bitte schön, Sie müssten dann auch direkt ... Der Flug geht in zwei Stunden.« Tim nickte. »Danke schön und einen guten Flug«, hörte er noch, als er zurück in den Terminal glitt. Pass, Bordkarte, Security, Gate, Einstieg – er ging wie auf Kissen. Es ging ihm nicht gut, aber auch nicht schlecht, er war wie unter einer Glocke. Er stieg einfach ein, setzte sich auf seinen Gangplatz und schaute geradeaus.

Was hat dieser Mann doch für ein trauriges Innenleben. Schrecklich. Er weiß nichts von der Schönheit dieser Welt. Leider erschließt sie sich ihm nicht. Neben all dem Hässlichen und Schrecklichen und Tristen gibt es sie durchaus!!. :)

NAIROBI

Tim war der Erste in Nairobi, der den Sicherheitsbereich des Flughafens verließ. Er hatte als Einziger kein Gepäck, auf das er warten musste. Die Schiebetür öffnete sich und gab den Blick auf einen sich zuspitzenden Trichter aus Menschen frei, abgehalten von metallenen Absperrungen. Manche hielten Schilder hoch, manche gestikulierten wild, manche versuchten mit verrenkten Köpfen an Tim und der Schiebetür vorbei diejenigen zu erspähen, auf die sie warteten. Er passierte sie alle und tauchte mitten durch die Menge in die Normalität eines kenianischen Flughafens. Sie unterschied sich nicht grundlegend von der eines deutschen.

Es roch etwas anders, es war jetzt schon wärmer, die Farben waren ungewohnt, aber der Boden glänzte ähnlich, da war die Schiebetür zur Straße, da ein Wechselbüro und da in der Ecke ein Geldautomat, den er zuallererst ansteuerte. Da ein Laden mit einem Kühlschrank voller Getränke, da eine Reinigungskraft und da, etwas rechts von der Schiebetür, leuchtete das Schild »Tourist Information«.

Tim nahm sich ein paar Broschüren und Flugblätter aus dem Regal, studierte sie kurz, ging durch die Schiebetür zu den Taxis, wunderte sich, dass es letztlich gar nicht so warm war, wie er angenommen hatte, und zeigte das am besten aussehende Prospekt dem Fahrer. Der nahm seine Brille aus der Hemdtasche, setzte sie auf, neigte seinen Kopf zurück, um richtig lesen zu können, studierte erst die Adresse, dann seinen Fahrgast, nickte und fuhr los.

Die Fahrt auf der guten Straße mit dem glatten Teer dauerte nicht lange. Schon bald verschwanden die gelben Linien, die den Weg klar begrenzten. Kurz nach einem Kreisverkehr, in dessen Mitte ein perfekt gemähter Rasen und ein ebenso arrangiertes Blumenbeet prangten, teilte ihm ein kleines Schlagloch mit: Der offizielle Empfang war vorbei.

Tim schaute aus dem Autofenster, wie er es vor etwa zwölf Stunden in Deutschland gemacht hatte. Sein Blick hakte nicht aus. Kinder standen auf freien Rasen- und Schotterflächen. Zwei von ihnen auf einer kleinen Anhöhe schienen ihm mit den Augen zu folgen, bis ein drittes sie von hinten leicht schubste und sie ihm hinterherliefen. Manche spielten Fußball, manche malten mit Stöcken in den Boden, manche winkten. Die Gegend, die sie durchkreuzten, schien nicht strukturiert zu sein, nicht geplant. Es war eher eine riesige Freifläche.

Ältere Leute saßen auf Überresten von Grundmauern von Häusern, die offenbar nie fertig gebaut werden würden. Ab und zu ein Autowrack, viele bunt verzierte Busse voll mit Passagieren kamen ihnen entgegen oder überholten waghalsig mit lautem Gehupe.

Teilweise schoben sich die Metallschiffe erst im allerletzten Moment wieder auf ihre Spur und wichen dem Gegenverkehr aus. Der Taxifahrer überholte ebenso waghalsig und grinste in den Rückspiegel, als er merkte, dass Tim längst mit den Füßen mitbremste.

An den Rändern der Straße schoben immer wieder Menschen ihre Fahrräder – entweder schwer beladen oder kaputt. Einer bog unter dem Hupen des Taxis gerade noch rechtzeitig ab in eine Schotterstraße, an deren Rand kleine Stände waren mit etwas Gemüse sowie Mauern und Häuser, vor denen Kinder spielten. Zwei junge Männer reparierten ein Motorrad. Die Hauptstraße selbst war zwar geteert, aber in schlechtem Zustand. Teilweise musste der Wagen eine Art Slalomkurs durch Kraterlandschaften aus aufgeplatztem Teer und Schutt fahren. Überall waren Menschen. Viele von ihnen saßen oder standen einfach herum.

Tim spürte jetzt die Hitze. Es war insgesamt nicht brütend heiß, aber durch die Fensterscheibe des Wagens brannte die Sonne auf seine Hose, die zu Hause noch zu dünn gewesen war. Schwer und eng wirkte sie auf einmal. Ihm wurde bewusst, dass er bereits einen Arbeitsweg bei Minusgraden und einen Langstreckenflug in ihr erlebt hatte. Nun klebte sie an seinen Beinen.

Er kurbelte das Fenster herunter, freute sich über den Fahrtwind und roch erstmals die warme, schwere Luft, in der permanent ein Hauch von Verbranntem zu liegen schien. Wenn der Wagen wegen der Straßenverhältnisse langsamer fahren musste oder anhielt, kamen Kinder ans Auto gelaufen, winkten und riefen etwas. Manche von ihnen streckten die Hände aus und bettelten. Sie wirkten unsicher. Als hätten sie die Geste mal irgendwo gesehen und würden sie jetzt nachahmen, ohne zu wissen, was das soll.

»Hier ist eine Stadtkarte«, sagte der Mann an der Rezeption und markierte mit einem Stift die Stelle, an der sich das Hotel befand. »Im Dunkeln sollten Sie das Hotel nicht allein verlassen. Haben Sie kein Gepäck?« Tim wunderte sich selbst ein wenig. »Nein, irgendwie nicht.« Beide zuckten mit den Schultern.

Das Treppenhaus und die Flure waren weiß gekachelt. In der Ecke jedes Zwischengeschosses stand eine Pflanze. Der Gang zu Tims Zimmer war wegen der fehlenden Fenster durch Neonröhren beleuchtet, die sich am Boden spiegelten und so jede kleine Unreinheit freilegten. Die Zimmertür wackelte im Türrahmen so sehr, dass er sie mit einem leichten Tritt hätte öffnen können. Stattdessen steckte er den kleinen goldenen Schlüssel in den vergoldeten Türknauf und drehte das wackelige Ding so lange hin und her, bis die Tür sich offiziell öffnete.

Tims Zimmer hatte dieselben weißen Kacheln, und eine weitere Neonröhre, um die sich ein paar Insekten scharten, flackerte an der Decke. Daneben hing ein Ventilator. In der Ecke taumelte ein weiterer, offenbar sehr alter Ventilator auf seinem wackeligen Fuß von rechts nach links und klang, positiv ausgedrückt, wie ein Kolibri in Zeitlupe. Rechts stand ein schmales Bett mit Metallgestell, dünner grauer Matratze, einem Laken darüber und noch einem Laken als Bettdecke. Der Zustand der Überdecke machte Tim Angst.

Immerhin: Ein Fenster gab es, das den Blick auf eine in etwa zwei Meter entfernte graue, unverputzte Mauer freigab. Durch die schmale Schlucht zwischen den beiden Wänden hallten Stimmen, Motorengeräusche, Kinderlachen, Pfiffe, Motorradhupen – die Stadt. Tim setzte sich aufs Bett. Er schwitzte, wollte duschen, aber er hatte Hunger und kein Essen, und es wurde bereits dunkel. Er duschte schnell. Seine Haare könnten an der Luft trocknen.

Auf dem Weg in ein vom Portier empfohlenes nahegelegenes Restaurant ein paar Häuser weiter kaufte er sich in einem kleinen Supermarkt eine Zahnbürste, zwei Flaschen Wasser und alles, was ihm gerade noch einfiel. Das gekühlte Wasser drückte feucht von innen gegen die weiße Plastiktüte, die ihre Last kaum halte konnte, als er das Restaurant betrat.

Das Essen war okay. Nicht spektakulär. Es lieferte nicht den ersten tiefen Einblick in eine neue kulinarische Welt, den Tim sich kurz erhofft hatte, aber es war solide. Am besten fand er die eiskalte Cola aus einer kleinen Glasflasche wie er sie in seiner Heimat lange nicht mehr gesehen hatte. Er trank zu Hause nie Cola. Nur wenn er woanders war, wenn er schwitzte und wenn sie in diesen kleinen perfekt portionierten Flaschen war, konnte er sich ihr nicht entziehen. Egal wie weit draußen, egal wie weit weg, diesen einen, schmutzigen Sieg des Kapitalismus über die ganze Welt, verkörpert durch eine kleine Flasche Cola – er konnte sich ihm nicht entziehen.

Er zahlte, gab lieber zu viel als zu wenig Trinkgeld, weil er es nicht besser wusste, und ging schnellen Schrittes und mit ein bisschen Sorge im Dunkeln zurück zu seinem Hotel. Es war nicht weit, nirgends war ein verdächtiger Mensch zu sehen, aber erst als er die Rezeption betrat, legte sich seine Anspannung. Er ging direkt aufs Zimmer, zog diese Scheißhose und sein T-Shirt aus und legte sich hin. Draußen tobten ein paar Kinder auf dem Flur, offenbar stritt sich ein Ehepaar nebenan, ein Hund bellte draußen. Dazu heulten immer wieder Motoren auf. Aber er schlief schnell ein.

Er schlief so fest, dass er nicht träumte und müde war vom Schlafen, als er aufwachte.

Als Tim zu sich kam, brauchte er eine Weile, um zu verstehen, wo er war. Im Zeitraffer spielte er seinen Weg von seiner Wohnung hierher durch. Er lag auf dem Rücken und starrte an die Decke. Er hatte vor dem Einschlafen vergessen, das Licht auszumachen und so die ganze Nacht bei flackerndem, kaltem Licht und dem leichten Surren der Neonröhre geschlafen. Er schälte sich aus dem zerknitterten Bettlaken und ging unter die Dusche. Sie hatte noch weniger Wasserdruck als gestern Abend und hing viel zu niedrig, aber es kam Wasser, und er hatte Seife gekauft. Ohne das dünne Hotelhandtuch zu benutzen, ließ er sich zurück aufs Bett fallen und vom Ventilator trocknen.

Es war inzwischen wieder hell, aber da nicht viel Licht durch das Fenster fiel und es draußen viel ruhiger war als zu seiner Einschlafzeit, vermutete er, dass es früh am Morgen sei. Hatte er fünf Stunden geschlafen? 13? Zwei? 18? Er machte kurz sein Handy an, damit es sich mit der Ortszeit synchronisierte. Sofort schaltete er wieder auf Flugzeugmodus. Es war 8 Uhr morgens.

Tim aß etwas im selben Restaurant, in dem er gestern Abend gegessen hatte. Eier mit Toast und Marmelade. Pappiger Toast, komische Margarine und überzuckerte Marmelade. Er trank schwarzen Tee. Er hasste Tee. Er trank sonst eigentlich immer nur Tee, wenn er krank war. Manchmal dachte er, er würde krank, wenn er Tee trinke, so sehr erinnerte ihn Tee an Krankheit. Aber da er keinen Kaffee mochte, gab es schwarzen Tee. Und seit er denken konnte, war er morgens schlecht gelaunt. Also musste es nicht zwingend am Tee liegen.

Zurück in seinem Hotel setzte er sich in die kleine Sitzgruppe nahe der Rezeption. Er hatte ja Zeit, beschloss er spontan. Nachdem er sämtliche Flugblätter und Prospekte, die ihm Safaris und Ähnliches verkaufen wollten, gesichtet hatte, fiel sein Blick auf einen relativ laut sprechenden jungen Mann, der sich gerade beim Rezeptionisten einen Energy Drink kaufte. Ein klassischer sogenannter Backpacker war er, ein Rucksackreisender. Auf dem T-Shirt prangte irgendeine Biermarke eines Landes, in dem er wohl mal gewesen war, er trug Flip-Flops, öffnete die kalte Dose gleich an der Rezeption und trank einen großen Schluck daraus eigentlich genau so, wie man das in einer Werbung für dieses Produkt wohl sehen wollen würde.

Den Rezeptionisten hatte er eben mit einer Handschlagkombination begrüßt, wie man sie sonst nur aus der Bronx kennt. Beziehungsweise würde man so etwas wahrscheinlich nicht in der Bronx machen, weil dort niemand die Zeit und Geduld dafür hätte. Oder es eben inzwischen sowieso lassen, weil Leute wie der Backpacker das jetzt so adaptierten. Rund fünf verschiedene Handhaltungen und zwei Ellbogenberührungen musste sich der verdutzte Hotelmitarbeiter beibringen lassen, bevor er peinlich berührt grinste, während der Backpacker laut lachte und ihm auf die Schulter haute. »All right, man!«

Mit seinen wegen der stark gebräunten Haut weiß strahlenden Zähnen, die aus seinem leicht unrasierten Bart hervorblitzten, grinste der Weltenbummler lebenslustig und nahm einen weiteren tiefen Schluck aus der stark kondensierenden Dose. Er wischte sich den Mund mit dem Unterarm ab und während er noch einmal schluckte und sich sein Kehlkopf an seinem drahtigen Hals im Rhythmus der herabgleitenden Zuckerflüssigkeit auf und ab bewegte, suchten seine Pupillen schon das nächste Opfer seiner Weltoffenheit.

Das Bier-T-Shirt hing fast authentisch schäbig über seinem gut gebauten und offenbar überall braungebrannten Körper. Ohne die großzügig abgeschnittenen Ärmel klebte es fleckenweise an dem geschätzt 23-jährigen Jungmittelständler. Entdeckerschweiß. Man durfte sich offenbar glücklich schätzen, ihn mit mehr als seiner in Surferfarben gehaltenen Badehose bekleidet zu sehen. Er muss tagelang komplett nackt in der Afrikasonne gelegen haben, so, wie er aussah. Selbstredend erst nachdem er Klimmzüge an einem Balken auf dem Balkon seiner nur für ein paar Cent gemieteten Holzhütte gemacht hatte.

Aus seinem Heimatland Holland, das verriet sein Akzent ziemlich schnell, konnte er jedenfalls nicht direkt hierhin gereist sein. Und überhaupt: Wer so viel feiert, dass er sich T-Shirts von Biermarken kauft und nochmal mit der Schere bearbeitet, um den Vintage-Look herzustellen; wer so viel Wert auf seinen Body legt und obendrein noch so weltoffen ist, dass er mit allen gut auskommt und sogar derart close mit den Locals ist, dass sogar die Rezeptionisten in Nairobi ihm verfallen waren – der ist definitiv weit herumgekommen.

Immer noch suchte er nach neuen Opfern seiner offenen Weltsicht. Tim starrte auf irgendein Prospekt. Der junge, wilde Globetrotter suchte und suchte. Und solange keine Opfer in der Nähe waren, berichtete er eben dem Rezeptionisten in seinem stark durch brustbehaarte US-Rockbands geprägten Holland-Englisch von seiner gerade beendeten Internetsession. Oder besser gesagt: was er anderen dort erzählt hatte. Fotos habe er verschickt, seinen Reiseblog, den er für seine dreimonatige Weltumrundung erstellt hat, auf den neuesten Stand gebracht. Das sei ohnehin das Geilste. Seinen Eltern und den Leuten zu Hause von seinen einmaligen Erlebnissen zu berichten. Wie anders und crazy hier alles sei.

Dreitägige Dschungeltour durch Nordthailand mit fünf anderen Travellern. In Australien am Strand 'ne Vollbremsung im gemieteten Jeep, Tauchkurs in Mexiko, abfeiern in einer Strandbar in Indonesien, organisierter Overland-Truck von Kapstadt nach Nairobi und jetzt natürlich auch eine Safari. Tagsüber die Ursprünglichkeit Afrikas und abends ein Lagerfeuer unter offenem Himmel. Das war so real, so echt – darum ging es doch. Oder nicht? Der Rezeptionist grinste verlegen. Er sei zudem froh, eine alternative Safari gemacht zu haben. Nicht in irgendwelchen Resorts herumhängen mit Touristen, sondern mit den echten Afrikanern im Zelt schlafen, auf dem Boden, selbst mit anpacken – alles andere sei doch ohnehin nicht das Wahre.

Der Holländer kam jetzt richtig in Fahrt und bestellte ein Bier. Morgens um 10. Egal! Freedom! Ein »Tusker« natürlich – die kenianische Biermarke. Das wusste er ohne nachzudenken. Bier in Europa sei natürlich unschlagbar – er droppte ein paar Namen, aber »voll gutes Bier auch hier!«. Der Rezeptionist lehnte dankend die Einladung zu einem Drink ab, der Holländer akzeptierte, aber hey, er liebte es einfach, im Moment zu leben. Nicht alles zu planen. Einfach nochmal Vollgas zu geben, bevor er in ein paar Wochen sein Wirtschaftsstudium (den Studienplatz hatte er schon sicher) zu Hause beginnen würde.

Um dann wenig später seine zukünftige Frau in einer Bar kennenzulernen, wenn er begeisterten Freunden von seiner Weltreise erzählte. Ihre provinziellen Ohren hingen an seinen Lippen, während er auf sein indisches Freundschaftsbändchen schaute, das ausgewaschen an seinem Handgelenk baumelte, und von der großen, weiten Welt erzählte – und dass er auch mal ganz schön krank war unterwegs. Was Tropisches. Kennt man hier nicht. Und bald würde er ihr erklären, dass er sich für sie entschieden habe. Dass er sich aber nicht verbiegen lasse, aber alles tun würde, um sie glücklich zu machen. Er sei halt ein besonderer Typ, aber er liebe sie. Denn er wisse, was er will.

Und dann würden sie eine Familie gründen. Mit Mitte 20. Und dann in eine Doppelhaushälfte ziehen. Und sich einen Familienjeep, einen SUV, kaufen, um ein bisschen was von der Globetrotter-Realness zu fühlen, wenn sie auf den Parkplatz des Supermarktes einbogen mit dem »Save the Planet«-Sticker neben dem »Baby an Bord«-Aufkleber. Auf dem Rückweg von seiner Arbeit, die jeden Tag um Punkt 9 Uhr beginnt und Punkt 17:30 Uhr endet, hörte er Musik von damals. Damals, als Musik noch echt war.

Ein paar Jahre später würde er dann seine Frau betrügen mit einer Bekannten, welche zu einem eng befreundeten Pärchen gehörte, mit dem sie sich immer mal wieder getroffen hatten, um guten Wein zu trinken und von früher zu reden. Gespräche hatten sie geführt, bei denen er immer von dieser Zeit auf Reisen berichtete. Wie crazy er damals gewesen sei, wie er sich durch den Dschungel gekämpft hatte und mit den Locals in Nairobi schon morgens auf eine alternative Safari angestoßen hatte, die es heute gar nicht mehr gibt, weil auch da alles eh nicht mehr so geil ist wie früher.

Geschichten, die seine Ehefrau nicht mehr hören konnte. Geschichten, welche die Frau seines Freundes beeindruckten und sie zu dem Schluss brachten: Das ist ein Typ, der so verrückt ist, wie ich es will. Der so aufregend ist, dass ich ausbrechen will aus meiner Kleinstadtidylle, die auch immer zu klein war für ihn. Das ist der Typ, der nicht ist wie alle anderen. Der mich rettet aus meiner weißen Küche, während die Kinder schreien und ich warte, dass irgendwas passiert, und mich in völlig sinnlose Sachen wie perfekte Ernährung reinsteigere, weil ich einfach nichts mehr mache, was mich wirklich erfüllt.

Ein Typ, der seine Frau betrügt, der sich deshalb ein paar Monate später fast scheiden lässt von ihr, aber selbst das nicht schafft. Dessen Frau den Schmerz irgendwie verpacken will, obwohl sie es in Wirklichkeit niemals wirklich schafft. Ein Typ, der am Wochenende beim Fußballgucken mit seinen Jungs schon mal nachmittags ein Bier trinkt, der bei einem Sieg in der Bahn herumbrüllt und Leute anrempelt und sich fast schon mal geprügelt hat, was er aber eigentlich niemals tun würde.

Ein Typ, der am Montag wieder gerade sitzt in seinem Familienjeep, um zu seinem korrupten Riesenkonzern zu fahren, in dem er sich als einer von Tausenden um Leib und Seele buckelt als verlängerter Arm des Kapitalismus. Einer, der mit 63 Rente in Rente geht, niemals Geldprobleme haben wird, der aber trotzdem Angst hat um alles, was ihm gehört. Einer, der mit 65 Bluthochdruck hat und trotzdem säuft und Fleisch frisst mit seinen Jungs. Einer, der bis zum Ende in seinem selbst eingerichteten Partykeller (das ist sein Reich) voller Bierflaschen aus verschiedenen Ländern sitzt, alte Musik so hört, als gäbe es keine neue, und jedem, der nicht bei drei auf den Bäumen ist, erzählt von seiner crazy Zeit. Und wie sehr er seine Freiheit liebt. Und die sich niemals nehmen lässt. Und einmal noch los möchte. Crazy sein.

Und dann stirbt. Und über den sie auf der Beerdigung sagen, dass er ein toller Kumpel und Vater war, mit dem man immer feiern konnte. Der manchmal zu direkt war, aber so war er eben: »Geradeheraus!« Aber der jederzeit nachts gekommen wäre, wenn man ihn angerufen hätte. Der nie seine Ideale aufgegeben hätte. Der ein Abenteurer war und so viel erlebt hatte und so toll für seine Familie gesorgt hätte. »I did it my way«, klang es aus den Boxen in der Kirche. Auf dem Grabstein stand: »Born to be wild.«

An Tims Fingern klebte die grüne Farbe des Prospektes, an das er sich klammerte. Der Globetrotter mit dem amerikanischen Akzent war fertig mit dem Rezeptionisten und verkündete nun, sich das beste Frühstück in Nairobi gönnen zu wollen. Im »besten Backpackerrestaurant Nairobis. Hast du 'ne Empfehlung?« Der Rezeptionist zeigte ihm auf der Karte dasselbe Restaurant wie allen anderen, die fragten, weil es nur eines gab. Der Backpacker schaute, überlegte kurz und nickte: »All right!«

Doch wer dachte, es sei vorbei, wurde enttäuscht. Er brauche einfach seine Eier mit Speck und seinen Kaffee, erklärte der junge Weltenbummler nämlich jetzt, während er – er zeigte auf den Haufen Totholz in seiner Hand – erst einmal in seinem Lieblingsbuch weiterlesen würde. Es stamme von einem amerikanischen Autor und sei ein ekliger Psychokrimi. »Total krank, aber ich steh drauf!« Lesen war selbstredend nur eines seiner vielen unterschiedlichen Hobbys. Surfen würde auch genau sein Ding sein. Der Surfer-Lifestyle. VW-Bus und so. Mit dem Bulli in die Freiheit.

Er war eben kein aalglatter Typ. Auch sein offenbar jeden dritten Tag mit einem Geodreieck gestutzter Bart signalisierte, dass er trotz seines höchstwahrscheinlich hohen sozialen und schulischen Erfolges und seiner rosigen Zukunft in der Wirtschaft durchaus in der Lage war, so loszulassen, wie sich das für einen weltoffenen Digital Native gehörte. Symbolisiert wurde das auch von dem Haifischzahn, der an einem Lederband von seinem braungebrannten Nacken, auf dem die kleinen Härchen heller waren als seine Haut, herabbaumelte. Genau auf seine zweimal in der Woche im Studio gestählten Discomuskeln auf der Brust.

Antoon hieß er, ließ er schließlich verlauten, als er sich ungefragt einem Pärchen vorstellte, das seit Minuten hinter ihm an der

Rezeption gewartet hatte und offenbar erst am Anfang seiner Reise war. Bleich wie Europäer im Winter, mit atmungsaktiven Trekkinghosen bekleidet, deren unterer Teil durch ein Reißverschlusssystem abzutrennen war, mit Wanderstiefeln für mehrere hundert Euro an den Füßen und Geldgurten, die sie um ihre Hüfte trugen, standen sie alles andere als locker da und hörten zu, als bräuchten sie jede erdenkliche auch nur irgendwie aufzuschnappende Info, um hier, im fernen Nairobi, zu überleben. Antoon sprach sie an.

Zu Wort kamen sie in der Folge nur, wenn Antoon einen Schluck Bier nahm. Das war nicht oft der Fall. Er tat das meistens nur in den Phasen seines Vortrags, in denen er einfach nur noch Ortsnamen droppte. Orte, an denen er schon war. Aufzählungen waren notwendig, damit dieser Weltbürger seine komplexen globalen Erkenntnisse zumindest grob umreißen konnte.

Antoon war ein Mann, für den die Bezeichnung »Tourist« aufgrund seiner Realness gar nicht mehr so richtig passend war. Er war Teil eines jeden Ortes, der sich über sein Erscheinen freuen durfte. Und er sagte auch nicht: »Da war ich schon einmal.« Sondern dass er ein Land »gemacht« habe. Nach Bali habe er noch drei Wochen Vietnam »gemacht« wegen der krassen Vergangenheit und so. Aber in Laos sei es chilliger, weil da noch nicht so viele Touris seien. Noch nicht! Zum Glück hatte er das jetzt schon gemacht.

Und in Thailand habe er eh nur noch den Südwesten gemacht, weil man da wegkomme von den Massen. »Da kann man in Ko Kacke so ein Boot nehmen und dann auf halber Strecke in einen Einbaum von lokalen Fischern umsteigen, die einen, wenn man ihnen 30 Baht zahlte – das ist nicht mal ein Euro! –, am Dreamturtle Beach rauslassen. Total unberührt.« Man müsse dann noch um zwei Felsen gehen, durchs Wasser versteht sich, mit dem Rucksack auf dem Kopf – das mache ihm nichts aus – »und da sind dann so kleine Hütten. Nur abends gibt es drei Stunden Strom«, aber die brauche er gar nicht. »E-Mails hab ich da kaum gecheckt.«

Es sei so fett, einfach mal sein Phone auszumachen und die Welt so zu erleben, wie sie eigentlich ist, bevor man sich mit hunderten anderen verbrannten Ledernacken abends zu westlicher Musik besäuft, Scheißpillen schmeißt und irgendwann dem lokalen Barbesitzer seinen MP3-Player aufschnackt und merkt, dass man genau dieselbe Musik hört, die alle Backpacker auf ihren Geräten haben. Man singt sich dann in großen und kleinen Gruppen zu amerikanischen Redneck-Songs ins Koma und fühlt sich einzigartig.

Als Antoon mal wieder einen Schluck Bier nahm, kam sie zu Wort. »In Thailand waren wir auch mal ...« Ihr Partner nickte, während er sich hektisch Notizen in seinem Reiseführer mit ausklappbarer Karte machte. Ihre und seine weiße Haut hatten längst rote Flecken wegen der Hitze und des bevorstehenden Stadtspaziergangs. Am Knöchel hatte sie einen aufgekratzten Mückenstich. »Ja? Cool! Wo denn? Bangkok? Koh Samui?« Antoon nickte wissend. Hatte er auch mal gemacht. War aber nicht mehr so real wie früher. Myanmar war jetzt gerade der Shit in Südostasien. »Ehemalige Militärdiktatur – supergeil. Komplett isoliert. Die haben nichts da. Unfassbar billig. Die freuen sich voll, wenn man sie besucht.«

Antoon schaute auf sein leeres Bier. Er müsse jetzt los. Brauche Kaffee, sonst komme er einfach nicht auf Touren. Wieder der Versuch des unendlichen Handschlages, mit dem inzwischen resignierten Rezeptionisten, Umarmungen mit den neuen Freuden, ein Winken in die nicht vorhandene Runde der Zuhörer, Tim schaute ihn regungslos an, Abgang durch die Eingangstür. Das Pärchen folgte kurz danach. Im Entdeckerstechschritt, bemüht ruhig atmend, mit

Karte in der Hand und Geldgürtel um die Hüfte schritten sie hinaus in die große, weite Welt.

Nur ein Abenteuer. Ein Abenteuer. Zwei Wochen durchhalten und Bilder machen und die sicher nach Hause bringen. Andere machten das doch auch. Die Angst und den Ekel, die Kackangst, die Strapazen und das Fremdeln, all das sieht man nicht mehr auf den Fotos. Einfach nur das eine Foto machen. Die beiden an einem Krater oder vor einem Elefanten mit einem Sonnenhut auf. Grinsend. Glücklich. Ein Foto, das zu Hause über den Schuhschrank kam. Alles in Ordnung. Nur kurz mal raus. Dann alles wieder in Ordnung. Tim ging auf sein Zimmer und starrte den Ventilator an der Decke an.

Am späten Nachmittag verließ er das Hotel und fragte sich durch zur nächsten Bushaltestelle. Voll war es dort. Die Leute wollten nach Hause von der Arbeit, in die Vororte. Er stand am äußeren Ende einer großen Menschentraube, die sich nur langsam in die nacheinander anhaltenden Busse drückte. Als er schließlich vorne angekommen war, stieg er einfach in den Bus ein, der gerade vorfuhr. Er stand im Gang. Es war voll wie zu Hause nach Großereignissen, wenn alle nach Hause wollen.

Tim mochte die Nähe zu Menschen nicht besonders. Zumindest nicht die, mit der er unfreiwillig in öffentlichen Verkehrsmitteln konfrontiert war. Hier ein Arm, da ein Ellenbogen, überall die Lautstärke, die Gerüche, die Enge. Irgendwie aber war es jetzt gerade nicht ganz so schlimm.

Die Fahrt war ruppig. Die Schlaglöcher auf der Straße schüttelten den Bus regelmäßig durch. Das Schlingern des Motors war so deutlich zu hören und zu spüren, dass Tim das Gefühl hatte, die alte Eisenmaschine arbeitete direkt unter ihm. An den Ausgängen des

Busses standen junge Männer, die sich hinauslehnten auf die Straße und entweder Leute reinschleusten oder raus. Permanent redeten sie und verkündeten der Außen- und Innenwelt, wo die Reise hinging und wo man gerade war.

Der Bus hielt nur auf Zuruf oder wenn Menschen zusteigen wollten, wobei: Er hielt nicht immer. Manchmal fuhr er nur kurz langsamer, und die Leute sprangen auf oder ab. Tim musterte die Menschen, manchmal trafen seine Augen kurz ein anderes Augenpaar. Er schaute dann schnell weg. Wollte nicht aufdringlich sein. Immer wieder versuchte er zudem, durch die Köpfe, Arme und Gesichter einen Blick nach draußen zu erhaschen. Die Bebauung wurde mit der Zeit flacher, aber ganz verschwinden tat sie nie.

Als es dunkel wurde, leerte sich der Bus langsam. Von Station zu Station stiegen mehr Menschen aus. Als schließlich eine ganze Bank relativ weit hinten frei wurde, ließ Tim sich erschöpft von den gerade wieder spürbaren Strapazen seiner Flugreise auf den Platz sinken. Ein erstaunlich weiches Sitzkissen empfing ihn, geschützt durch eine transparente Plastikplane. Tim schob das staubige Fenster quietschend zur Seite und schaute auf die langsam in der Dunkelheit verschwindende Stadt, die an ihm vorbeizog. Ein Konzept erkannte er immer noch nicht in dieser endlos scheinenden Aneinanderreihung von Beton, Blech und Planen, Seitenwegen, Rinnsalen, Müllkippen, Pfützen, kleinen Ortszentren und Menschen. So vielen Menschen.

Vor ihm saß eine junge Mutter mit ihrem Kind auf dem Arm, das Tim über die Schulter seiner Mutter hinweg unentwegt anschaute. Große braune Augen musterten ihn ohne Unterlass. Von oben nach unten, von unten nach oben, während auf der Unterlippe des Kleinen der Sabber glänzte. Tim musste grinsen. Der Kleine – Kekskrumen überall an den Fingern und in den Mundwinkeln – brauchte ein bisschen, grinste dann aber umso breiter zurück, zeigte auf ihn und machte ein Geräusch. Die Mama drehte sich beim Aufstehen um und grinste ebenfalls, bevor die beiden durch den Ausstieg in das abendliche Getümmel verschwanden.

Die Fahrt war wider Tims Annahme noch lange nicht vorbei. Immer wenn er dachte, er hätte genug Landmarken und damit Orientierung gesammelt, um wieder nach Hause zu finden, bog der Bus noch einmal ab. Gut zwei Stunden war er inzwischen unterwegs, und seit ein paar Stationen schaute der Busfahrer durch den Rückspiegel immer mal wieder zu ihm nach hinten. Inzwischen war es komplett dunkel. Sie passierten stark frequentierte Seitenstraßen, Fenster von Häusern, in die er einen kurzen Blick werfen konnte, und obwohl der Bus längst das Stadtzentrum verlassen hatte, war alles immer noch bis auf ein paar Ausnahmen voll mit Menschen.

Irgendwann, nach einer weiteren halben Stunde etwa, tippte Tim ein junger Typ auf die Schulter. »Letzte Station«, sagte er und stieg aus. »Entschuldigen Sie!«, rief Tim noch, als er seinen Fuß auf die Straße setzte, aber der junge Typ war bereits in der Dunkelheit verschwunden. Der Bus ließ ihn allein im gelblichen Licht einer Straßenlaterne zurück.

Es war relativ ruhig. Tim schaute auf den Boden. Schotterpiste. Um ihn herum in einiger Entfernung hörte er Geräusche, Stimmen, Undefinierbares, die Betriebsamkeit des Lebens. Doch im Prinzip war hier, in seinem direkten Umfeld, gerade kein Mensch. Er war allein. Die Laterne beleuchtete nur etwa fünf Meter die Straße. Dahinter herrschte Dunkelheit. Und zum ersten Mal, seitdem er zu Hause im Flur seiner Wohnung in den Spiegel geschaut hatte, fragte Tim sich: »Was mache ich hier?«

Warum tat er sich das an? In dreckigem Hemd und verschwitzter Hose stand er komplett im Dunkeln irgendwo in einem Vorort von Nairobi und hatte nicht einmal einen konkreten Auftrag. Und genau jetzt jagte ihm auch noch ein Begriff durch den Kopf, den vorhin ausgerechnet der digitale Weltbürger in seinem Redeschwall im Hotel gesagt hatte – ein Spitzname für diese Stadt: »Nairobbery«. Nairobi sei gefährlich, hatte auch der Rezeptionist gesagt. Immer den Finger in der Flasche sollte man in Clubs haben, im Dunkeln nie alleine herumlaufen, nie mehr als das nötige Bargeld dabeihaben, aufpassen eben.

»Nairobbery«, dachte Tim unter dem Lichtkegel der Straßenlaterne irgendwo im Nichts. Und schaute sich um. In einer Richtung waren in der Ferne ein paar mehr Lampen zu erkennen als in der anderen. Das kann täuschen. Nach einer Kurve kann das alles wieder ganz anders aussehen. Er musste sich entscheiden. Er ging zu den Lichtern, die etwas üppiger aussahen.

Tim tastete sich langsam vorwärts mit seinen Füßen. Fast jeder Muskel seines Körpers war angespannt. Er hörte, wie seine Schuhe die kleinen Steine auf dem Weg wegdrückten, wie es knisterte. In seiner linken Hosentasche fühlte er sein Geld, das er so fest drückte, dass die Scheine feucht wurden. Spontan steckte er die Hälfte davon in seine rechte Socke, schreckte aber schnell wieder hoch, als ein Rudel Kinder mit Geschrei an ihm vorbeilief.

Ab und an kamen ihm Menschen entgegen, die aber zu sehr mit sich selbst beschäftigt waren, um seine exotische Hautfarbe zu erkennen. Wobei: Interessierte sie das wirklich? Oder bildete er sich das alles nur ein? Hier ein paar Stimmen, da ein vorbeifahrendes Mofa, einmal glaubte er, in der Ferne Explosionen zu hören. Um innere Ruhe bemüht, ging er den Rand der Straße entlang.

Das erste Licht kam näher. Es brannte an einem Gebäudekomplex und beleuchtete den Platz davor. Der Vorplatz war aus Beton, aus dem an den Nahtstellen Grasbüschel wuchsen. Ein paar Autos standen herum, und rechts und links führten Stufen hoch zu einer vorstehenden Betonplatte, hinter der die Eingänge zu Geschäften lagen.

Tim ging die Stufen links von ihm hoch und schaute vorsichtig, aus den Augenwinkeln, in die hell beleuchteten Räume, an denen er bemüht locker vorbeischritt. Irgendwann blieb er stehen, vor einem Friseursalon. »Hey, was machst du hier?«, fragte ein Kunde auf seinem Stuhl, dem gerade die Haare auf dem Hinterkopf gestutzt wurden. Tim fühlte sich, als wäre er gerade ertappt worden. »Was machst du hier?«

»Ich weiß nicht«, antwortete Tim.

»Du weißt es nicht?«, fragte der Kunde zurück.

Kurz war Ruhe. Der Kunde schaute die anderen im Laden an.

»Komm mal rein.«

Tim trat ein.

»Du weißt es nicht?«, fragte der Kunde noch einmal zurück.

»Wo kommst du her? Wie kommst du hierher?«

»Ich habe den Bus genommen, aus dem Zentrum.«

»Aus Nairobi? Du bist mit dem Bus aus Nairobi gekommen?«

Der Kunde drehte sich zu seinem Frisör, der versuchte weiterzuarbeiten: »Der Typ hier ist mit dem Bus aus Nairobi hergekommen. Der ist verrückt.« Er drehte sich zurück.

»Bist du verrückt?«

Tim zuckte mit den Schultern und schaute auf den Boden. Das grelle Neonlicht ließ ihn jedes Haar auf den hellblauen, glänzenden Fliesen einzeln erkennen. An der Wand hing ein Poster mit

Frisurvorschlägen für Männer, die Tims kleingeistiger Meinung nach alle relativ ähnlich aussahen. »Millennium Haircuts« stand darüber.

Eine Mitarbeiterin löste sich aus dem Szenario, und kam auf ihn zu. »Kann ich dir helfen?«, fragte sie. »Ich fürchte nicht«, reagierte Tim, ohne groß darüber nachzudenken, dass Hilfe jetzt eigentlich ganz angebracht wäre. Allein schon angesichts all dessen, was ihm gerade durch den Kopf schwirrte. »Ich weiß nicht. Was ich hier will.« Sie musterte ihn. Eine kleine Falte über ihren Augenbrauen verriet, dass sie verwirrt war. Der Kunde schüttelte immer noch mit dem Kopf. »Der ist verrückt. Der ist echt verrückt.«

Ein anderer Gast, der auf den Stühlen rechts von ihm am Eingang wartete, stand auf. »Also, ich bin John, hallo!« – »Hallo.« – »Warte eben, ich bin gleich dran. Das dauert nur 15 Minuten.« Tim setzte sich und starrte so lange auf den Boden, bis er nicht mehr das Gefühl hatte, der Mittelpunkt der Situation zu sein. Er konnte das sehr gut. Oft hatte er das schon probiert in der Kindheit, als Teenager, als Erwachsener – immer wenn er sich schämte. Dieses Mal nutzte er den silbern glänzenden Fuß des Friseurstuhls. Minutenlang fixierte er ihn und beobachtete, wie ab und zu ein Büschel Haare auf den Boden rieselte. Jede Fuge des Stuhls und der umgebenden Fliesen scannte er mit seinem Blick ab. Analysierte sie regelrecht. Bis er sich wieder traute hochzuschauen.

Es schien ein Familienbetrieb zu sein. Ein Junge im Teenageralter mit einem Fußballtrikot von Real Madrid räumte auf, ein etwas jüngeres Mädchen mit Zopffrisur fegte unentwegt. Beide schauten ihn immer mal wieder kurz an. Als ein älterer Mitarbeiter ihnen sagte, dass es gut sei für heute, rannten sie hinaus auf die Straße.

Als John fertig war, redete er noch ein bisschen mit dem Frisör, zahlte und ging auf den seltsamen Fremden zu. John trug einen Anzug, seine Krawatte war leicht gelockert, er war wohl auch mit einem der Busse aus der Stadt von der Arbeit gekommen. »Du weißt also nicht, was du hier machst, warum du hier bist und wie du wieder wegkommst?« – »Ja, eigentlich schon, ja.« – »Wo schläfst du?« Stille. Der Gast, der Tim zuerst angesprochen hatte, lachte los. John guckte sich um. »Komm, wir gehen.«

Sie gingen über den Vorplatz und entfernten sich vom Licht des Gebäudes. John wusste trotz der stockfinsteren Nacht genau, wo es langging. Niemals würde Tim ohne John wieder herausfinden aus Buruburu, so der Name des Stadtteils, wie John ihm erkläre. John betrieb ein Reisebüro im Zentrum Nairobis. Auf dem Weg zur Arbeit könne er Tim morgen mitnehmen, sagte er.

Nach etwa 10 Minuten auf einer größeren Straße, die auch an der Bushaltestelle vorbeiführte, an der Tim ausgestiegen war, bogen sie in eine kleinere Nebenstraße und dann nach etwa hundert Metern links durch ein Tor, das ein bewaffneter Mann bewachte. Ein paar Grundstücke lagen dahinter an einer Sackgasse. Auf einem davon stand Johns Haus: dreifach mit Schlössern gesichert, kleine Küche, eine ramponierte Toilette und ein Fernseher vor einem alten Sofa im größten Raum, an dessen Wänden nichts hing. Die beiden setzten sich. Und schwiegen. »Ich will noch was trinken gehen mit Freunden«, sagte John. »Willst du mitkommen?«

Stunden später fragte jemand durch ein Stimmenwirrwarr: »Hey, könnt ihr schon nicht mehr?« Tim hob den Kopf aus seinen Armen, die verschränkt auf einem Tresen lagen, und schaute hoch. Links neben ihm: John in regem Gespräch mit anderen Leuten. Um ihn herum: offenbar eine Handvoll Bekannter von John. Die Barkeeperin lachte, als sie die leeren Flaschen abräumte. Tim war wohl eingeschlafen gewesen. Jetzt musste er pissen.

Er stand auf und schlug sich durch die randvolle Bar durch zur Toilette. Irgendwie waren alle Personen in seinem Sichtfeld in weiß gekleidet. Beim Pissen starrte er auf ein Poster und fühlte, wie müde ihn das Bier gemacht hatte. Er ließ sich kurz mit der Stirn gegen die Wand kippen. An einem kleinen Waschbecken mit einem permanent schwach laufenden Wasserhahn, wusch er sich die Hände unzureichend und kämpfte sich zurück durch die Menge.

Es war heiß, alles klebte, er hatte Kopfschmerzen. An der Bar angekommen, bestellte er wie ferngesteuert noch ein Bier. Als er den ersten Schluck genommen hatte und fast kotzen musste, schaute John auf die Uhr. »Lass uns gehen. Wir müssen morgen früh aufstehen.« Als die beiden sich zur Treppe gedrängelt hatten, sah Tim sich ein letztes Mal um. Fröhliche Menschen, fast nur Männer, fast alle in Weiß gekleidet, fröhliche Musik, hunderte Stimmen. Nur hinten im Raum sah er ein eher weibliches Augenpaar. Es schaute ihn an aus einem ansonsten durch ein schwarzes Tuch verhülltes Gesicht. Sie schaute Tim direkt in die Augen und schaute auch nicht weg, als er sie entdeckt hatte.

Der Abstieg über die schmale Treppe forderte Tims volle Konzentration. Als die beiden auf die Straße taumelten, war kaum noch jemand draußen zu sehen. »Als ich vorhin auf Toilette war, fiel mir auf, dass ich wahrscheinlich weit und breit, also im Umkreis von mehreren Kilometern, der einzige Weiße hier bin, oder?«, sprudelte es aus Tim heraus. John zuckte mit den Schultern. »Vielleicht. Kann gut sein. Auf jeden Fall bist du der seltsamste Mensch, den ich jemals kennengelernt habe.«

Sie gingen ein paar Meter. »Falls dich jemand anspricht, geh einfach weiter. Kein langer Blickkontakt. Lass dich nicht in ein Gespräch verwickeln. Es wird aber keine Probleme geben.« Sie verließen die engeren beleuchteten Gassen und gingen wieder am Rande einer dunklen Teerstraße. Würde Johns Haus jetzt direkt vor ihm stehen, er würde es nicht erkennen, dachte Tim.

»Wie geht es dir, John?«, fragte er.

»Mir? Gut, danke!«

Sie gingen weiter.

»Was meinst du genau?«, fragte John zurück.

Die beiden gingen wieder ein paar Meter, ohne zu reden.

»Na ja, wie geht es dir? Bist du glücklich?«

John lachte. »Na ja ...« Er überlegte. »Ich bin einer von Millionen in einem Land mit einer teils korrupten Regierung. Ich verdiene mein Geld mit reichen Leuten aus dem Ausland, ich werde hier wohl niemals wegkommen, ich bin gesund ... ja, ich denke, es geht mir gut. Und dir?«

Tim schwieg lange.

»Ich weiß nicht.«

»Geht es dir nicht gut?«

John wartete vergebens auf eine Antwort.

»Warum bist du hier? Hat dich deine Frau verlassen? Hast du deinen Job verloren? Bist du deshalb hier in Kenia? Machst du Urlaub? Wobei: Wenn du Urlaub machst, warum fährst du nach Buruburu?«

»Ich weiß nicht, was ich hier will.«

»Das verstehe ich nicht.«

»Ich auch nicht.«

»Aber glücklich solltest du wenigstens sein. Du kannst sogar ohne jeden Grund nach Kenia kommen und auf Safari gehen. Das machst du doch, oder?«

»Ich weiß nicht.«

»Du gehst nicht auf Safari? Du musst auf Safari gehen! Es ist wunderschön! Gerade ist eine super Zeit dafür. Viele Tiere sind aus der Serengeti gerade hierher, in die Masai Mara, migriert.«

Tim antwortete nicht.

Sie schwiegen eine Weile.

»Weißt du, was viele Menschen hier für dein Leben geben würden, Tim? Du hast offenbar Geld, du lebst in einem friedlichen Land, du hast vorhin in der Bar etwas von Urlauben erzählt, die du gemacht hast, von Freunden, von Hobbys, die du hast. Alle haben dir zugehört! Was ist dein Problem?«

»Ich weiß es nicht.«

Sie gingen wieder eine Weile, ohne etwas zu sagen. Tim merkte, wie John den Kopf schüttelte, wie es in ihm arbeitete.

»Weißt du, wofür ich dankbar bin?«, sagte Tim.

»Nein«, sagte John.

»Dass mir ganz von allein – das war so vor fünf, sechs Jahren oder so –, dass mir ganz allein bewusst werden konnte, dass ich sterben werde. Irgendwann lag ich in meinem Bett, war kurz vor dem Einschlafen, und auf einmal wurde mir klar: ‚Du wirst sterben. Es wird enden.'«

John antwortete nicht.

»Ich dachte bis dahin, dass Jugend eine angeborene Eigenschaft sei, aber plötzlich ... Wann hast du das erste Mal verstanden, dass du sterben wirst?«

John zögerte. »Ich weiß nicht.«

»Ich weiß, das klingt banal, fast naiv, aber bis ich 30 war, dachte ich immer, mein Leben würde nicht enden. Besser gesagt: Ich dachte nicht einmal das. Ich dachte, ich sei ein Projekt, das immer besser wird. An dem ich immer weiterarbeite und ... Weißt du, ich glaubte zum Beispiel auch fest daran, dass – wenn ich mich nur genug konzentriere – die Zeit vielleicht nicht zum Stehen kommt, dass ein schöner Moment für immer in mir bleibt. Dass er mir gehört. Dass das Gefühl immer bleibt, das ich in dem Moment hatte. Es gab Momente, da kniff ich die Augen ganz stark zusammen und öffnete sie – und schloss sie wieder. Das habe ich etliche Male gemacht. Immer wieder. Und ich glaubte dann wirklich, dass der Moment bliebe. Dieses wunderbare Gefühl, etwas geschafft zu haben, belohnt zu werden und es auch zu verdienen. Sich einen Traum erfüllt zu haben – erhofft oder unverhofft.«

John schwieg.

»Wann bist du rundum glücklich, John?«

John überlegte. »Vielleicht wenn ich mit Freunden zusammen bin und alle ... glücklich sind.«

»Ja, diese seltenen Tage, an denen man alles vergisst. Vergisst, wie schwer alles ist. Wenn man ganz kurz wie losgelöst lebt. So sehr, dass es einem nicht einmal bewusst wird. Als ich zwölf war oder so, da spielte meine Fußballmannschaft bei einem Turnier mit. Auf dem Papier hatten wir keine Chance, aber irgendwie trafen wir uns morgens und wussten, dass wir gewinnen würden. Wir waren an dem Tag unbesiegbar. Wir gewannen, mischten die komplette Turnhalle auf und hatten die Zeit unseres Lebens. Und abends ... abends verliebte ich mich zum ersten Mal. In ein Mädchen.« Tim überlegt. »Das ich schon Ewigkeiten kannte. Wir hatten schon so oft miteinander zu tun gehabt, aber auf einmal wurde mir klar: Die liebst du. Ich verstand, wie sich Liebe anfühlte.«

»Deine heutige Frau?«

»Nein. Nicht einmal meine spätere Freundin. Ich kenne die gar nicht mehr. Sie liebte einen anderen, aber an dem Abend sah es für mich so aus, als läge die Gegenwart und Zukunft in all ihrer Schönheit vor mir. Ich freute mich auf morgen. Was da noch kommen sollte. Ich fuhr mit einem Gefühl nach Hause, das ich nicht kannte. Ein gelungener Tag lag hinter mir. Ein leichtes Kribbeln war da für die Zukunft, ohne jedes bisschen Angst und Zweifel. Mein Weg lag hinter und vor mir. Nichts war klar, aber es war okay. Das war einer der schönsten Tage meines Lebens. Verstehst du das?«

John zögerte. »Ja, vielleicht.«
»Ich wusste damals nicht, wie schwer alles wird.«
»Wie? Schwer?«
Tim schwieg.
»Musst du bald sterben?«, fragte John.
»Nein. Ich habe inzwischen nur verstanden, dass alles im Nichts endet. Dass alles wieder auf null zurückfällt. So scheint es zumindest heute für mich. Was soll man auch sicher wissen über den Tod? Niemand, der schon gestorben ist, kann darüber berichten, ob etwas bleibt. Und wo sind diese Menschen überhaupt? Die Toten. Geht es ihnen gut? Wo sind sie? Also ihre Seelen.« Tim überlegte. »Vielleicht leben sie nur um die Ecke von hier. Um eine Straßenecke. Und wir kommen da nur selten vorbei!«

John antwortete nicht mehr. Als er wenig später das Schloss zu seiner Wohnung aufschloss, sagte er: »Warum erzählst du mir das alles? Warum fragst du mich das alles?« Tim wusste keine Antwort. Wenig später saßen sie auf Johns Sofa. Der Fernseher lief. Tim starrte auf den Boden. »Ich weiß es nicht. Ich weiß es einfach nicht. Es tut mir leid, wenn ich dich damit belästige. Ich meine, du lässt mich bei dir schlafen, stellst mich deinen Freunden vor und ich mülle dich zu.« John stand auf, holte ein Bettlaken und eine Decke. »Hier kannst du schlafen. Gute Nacht.«

Am nächsten Morgen gingen sie zusammen zum Bus, mit dem sie zurück in die Stadt fuhren. Ein Handschlag beim Ausstieg, ein Dank, ein Lachen, ein Schulterschlag, eine Wegerklärung. Sie sollten sich nie wiedersehen.

Tim blieb noch ein paar Tage in Nairobi. Kurzfristig entschied er, wenn er schon einmal da war, doch noch eine Safari zu machen. Schon die Fahrt zu den Nationalparks, während der schon immer mal wieder ein Tier zu sehen war, bot eine Schönheit, eine Weite, die spektakulär war. Alle anderen im Minibus schauten begeistert aus dem Fenster, fotografierten und freuten sich. Tim verkopfte. Er hatte schon die Suche nach dem richtigen Anbieter zu sehr theoretisiert. Zu lange war er zwischen Reisebüros hin und her gelaufen wegen ein paar Dollar und verlor sich nun in Abwägungen, ob er sich trotzdem hatte verarschen lassen.

Ein Löwenweibchen mit Beute im Maul schritt direkt an ihrem Wagen vorbei, nachts brüllte eine andere Wildkatze. Gnuherden ließen den Boden wackeln, als sie an ihnen vorbeigaloppierten, ein Elefant ging minutenlang in endloser Steppenszenerie auf sie zu, an ihnen vorbei und verschwand seelenruhig und würdevoll in der Weite. Geier kreisten, ein Leopard sonnte sich in einem Baum – Tim nahm das alles wahr, aber er spürte es nicht. Die Freude, die Leichtigkeit, die Selbstvergessenheit, die Schönheit, die ihn umgaben – er schaffte es nicht.

Ein paar Tage nach Ende der Safari, traf sich die Gruppe noch einmal in Nairobi in einer Bar. Es wurde gelacht, getrunken, Adressen wurden ausgetauscht, Erlebnisse verglichen. Tim war da, er machte mit, funktionierte. Aber er spürte nichts. Stunden später war es geschafft. Er ließ sich auf sein Bett in seinem Hotel fallen und starrte die Decke an. Stundenlang. Dann schlief er ein.

Er erwachte mitten in der Nacht. Müde war er, aber wieder einschlafen war unmöglich. Aus Langeweile machte Tim sich auf den Weg in die Lobby. Vielleicht eine Cola kaufen oder ein kaltes Wasser. Auch wenn er keinen Durst hatte: Er sollte so viel wie möglich trinken, hatte er sich vorgenommen. Unten angekommen traf er den Menschen wieder, der neben ihm unter den Ausführungen des Holländers am meisten gelitten hatte: den Mann vom Empfang. Er schaute Fernsehen und lachte sich halb tot dabei.

»Hey, wie war die Safari?«, fragte er Tim, stellte sich als Tobi vor und hörte sich das unentschlossene Gestammel des Deutschen eine ganze Weile an, bis er sagte:

»Weißt du, was richtig super ist?«

Tim schaute ihn fragend an.

»Die Gorillas.«

»Die Gorillas?«, fragte Tim zurück.

»Die Berggorillas.« Tobi lehnte sich zurück und nickte wissend. »Die schönsten Tiere der Welt. Aber sehr teuer.«

»Wie teuer?«

»800 US Dollar.«

»Für den Trip?«

»Für den Tag. Und laaaange vorher ausgebucht. Monate! Sehr wenige Leute dürfen nur zu denen.«

Tims Augen wurden größer. Er wusste von den letzten Berggorillas. Er hatte als Kind bei seinen Großeltern einen Bildband über sie immer wieder angeschaut. Nach Ruanda oder Uganda musste man, um sie zu sehen. Dass diese beiden Länder direkt westlich von Kenia lagen, wurde ihm gerade erst bewusst.

»Mein Cousin Frederick arbeitet in Ruanda, in Ruhengeri. Das ist die Stadt, von der aus man zu den Gorillas wandert. Frederick ist Ranger. Ein sehr guter Job. Ich kann ihn fragen, ob kurzfristig etwas frei wird. Manchmal passiert das.«

Tim dachte nach. Sinn ergab das Ganze nicht. Spätestens dann müsste er seine zweite Kreditkarte, die er nur für Urlaube und wirklich wichtige Sachen hatte, nutzen. Die Abrechnung dieser Karte kam zwar immer erst Monate später, aber Afrika war teurer als er dachte und spätestens dieser Trip jenseits jeder Vernunft. Zudem war nicht garantiert, dass er nach dem Safari-Debakel eine 800-Euro-für-einen-Tag-Wette mit seiner Seele eingehen sollte. Alles sprach dagegen. Er schaute noch etwas fern mit Tobi.

RUANDA

Langsam zog der Schmerz in die Beine. Tim saß schon zu lange in der Hocke. Und mit jeder Sekunde, die er in dieser Stellung verharrte, würde es noch mehr wehtun, wenn er wieder aufstehen würde. Aber jetzt gerade durfte er sich nicht bewegen. Gebannt saßen er und Frederick da – Tim etwa einen Meter vor Frederick, was nicht geplant war, aber es gibt Sachen, die kann man nicht planen. Frederick hatte gerade den Befehl gegeben, sich sofort hinzusetzen. Jetzt hob er seinen Wanderstock und deutete auf das Gebüsch vor ihnen. Rascheln hörte Tim es von dort, und jetzt sah er erstmals schwarze Schatten im Gehölz vorbeihuschen.

Viel zu viel Geld hatte er bezahlt. Nicht nur die 800 US Dollar für die sogenannte Gorilla Permit. Auch die Anreise aus Nairobi in Ruandas Hauptstadt Kigali war viel teurer als die kurze Strecke es vermuten hatte lassen. Dann noch der Transfer nach Ruhengeri, das überteuerte Hotel, und obendrauf diese Fallhöhe: Durch Glück war

Tim tatsächlich wegen einer Absage nachgerutscht auf die Liste der acht Auserwählten, die heute zu den Berggorillas durften. Aber wäre er ebenfalls nur leicht krank gewesen, er hätte nicht mitgedurft: Ansteckungsgefahr für die Tiere. Und wären ebendiese Tiere heute zu weit weg gewesen vom Basislager, wäre auch alles umsonst gewesen. Der überteuerte Flug, die mehrstündige Fahrt vom Flughafen hierher, das Hotel, das extrem frühe Aufstehen.

Doch Tim hatte Glück. An diesem frühen Morgen riss sogar der hier so oft von Regenwolken verhangene Himmel für ein paar Stunden auf. Zudem war die Primatengruppe um den Silberrücken namens Charles, die Tim und den anderen sieben zugeteilt worden war, nur eine circa Drei-Stunden-Bergauf-Wanderung entfernt. Und obwohl sie sich fast am Äquator aufhielten, war es zum Glück kaum zu heiß, denn sie befanden sich mehr als 1000 Meter über dem Meeresspiegel.

Und jetzt war der Moment da. Der Moment, von dem Tim schon als Kind träumen wollte, aber letztlich nicht zu träumen gewagt hatte, weil der Weg hierhin so weit, so teuer, so beschwerlich ist. Nur ein paar Kilometer entfernt lag die Demokratische Republik Kongo. Auf der anderen Seite der Virunga-Berge lag Uganda. Er stand in Ruanda. Dies war die einzige Gegend der Welt, in der die letzten Berggorillas leben. Eine Stunde pro Tag durften jeweils acht Menschen eine der circa zehn Gorillagruppen besuchen. Das klang vorab nach wenig Zeit für so viel Geld, aber letztlich war es gut so. Denn ab jetzt pumpte exakt eine Stunde lang eine Menge an Adrenalin durch Tim hindurch, die er nicht kannte. Viel länger wäre es nicht auszuhalten gewesen.

Es raschelte wieder. Schwarze Schatten im Gehölz, hinter Bambus- und anderen Pflanzen. Gleich würden sie sich zeigen. Plötzlich drängelte jemand von hinten rechts. Tim dachte sofort an die nervige Österreicherin, die schon den ganzen Hinweg damit verbracht hatte, sich zu beschweren. In ihrem unerträglich deutsch eingefärbten Mittelstufen-Englisch lamentierte sie permanent über alles und jeden. Und hatte selbstredend alles schon in Besser gesehen. Sie war ein Exemplar der Alles-nicht-mehr-so-real-ich-weiß-es-besser-als-die-Einheimischen-und Rede-den-ganzen-Aufstieg-immer-so-laut-dass-jeder-von-meinem-Leid-erfährt-Spezies, kurz: eine Fotze.

Aber die Österreicherin saß links hinter ihm, wie Tim jetzt sah. Dann musste es der Social-Media-Spacken sein. Ein französischer Mittzwanziger: ganz moderner Haarschnitt mit Gel, von kurzem Wuchs, schmächtig, perfekte Bräune, ein Look abgeschaut aus irgendeinem Fashion-Blog – wie ein Fußballer, der auf Instagram sein Privatleben inszeniert, sah er aus und hatte drei Power-Banks dabei, um jeden seiner Schritte mit seinem hochmodernen Endgerät festzuhalten und alles umgehend der Restwelt mitzuteilen.

Alles. Das Briefing der Ranger beim Treffpunkt, der Aufstieg, jede Scheißblume, die sie passiert hatten, jedes verdammte Insekt, jede Echse wurde in kurzen Häppchen sowohl gefilmt als auch fotografiert – einmal allein und einmal als Selfie mit seiner permanent gleich grinsenden Hackfresse. Filter rauf, Hashtag ran und raus in die tolle freie, bunte Welt. Jeder sollte sehen, wie verrückt er war, wie nah dran er war, wie weltoffen, wie abenteuerlustig, wie weit vorne. Immer der beste von zehn spontanen Schnappschussversuchen.

Er sei so aufgeregt, hatte er ungefragt jedem beim Aufstieg erzählt. Das würde die Story seines Lebens werden. Super seien auch die kleinen Gruppen, da seien kaum Menschen im Bild. Er erhoffe sich extrem viele Likes von der Aktion. Tiere gehen immer, noch dazu so seltene. Super krass, wie selten die sind. Die Armen. Er habe einen Reiseblog. www.Travelhunger.org. Da berichte er den Leuten von seinen geilen Reisen. Reisen sei eh sein Ding. Einfach frei sein. Urban leben und in den Pausen die Welt erkunden und das teilen. Kaum war er wieder zu Hause, plane er schon den nächsten Trip. Total individuell natürlich. Er sei verrückt, sagten seine Freunde. Aber er sei halt ein Abenteurer, und weil seine Fotos so gut seien und seine Storys so crazy, wüchse die Zahl seiner Follower immer schneller. Jeder Like schien ihm wichtig wie eine Umarmung, die er von seinen Eltern nicht bekommen hatte.

Doch auch hinter der Kamera brauchte der Spacken viel Aufmerksamkeit. Seine unbewusste Taktik war dabei immer dieselbe. Er fragte andere Leute, was sie so machten, ließ sie kurz antworten, bevor er bei der ersten Gelegenheit einstieg und erklärte, dass das Reisen und der Reiseblog der perfekte Ausgleich für seinen Medienjob seien, dieses Handy das neuste und beste für Naturaufnahmen und dass er dank einiger Investitionen sogar hier Empfang hätte. Hier in Afrika, im Dschungel, wie er es nannte. Im Dschungel.

Auch mit Tourguide Frederick hatte der Spacken schon Fotos gemacht. Frederick war perfekt für seine Story. Ein Einheimischer. Ein ärmerer als er. Ein echter Neger. Realness. Ungefähr zehn Versuche hatte der Spacken gebraucht für einen guten Shot von sich und seinem Guide. Peace-Zeichen inklusive. Die Gruppe hatte gewartet. Dann der gefilmte Teil. »Voll cool, dass du den Job hier hast, Fred! Ist bestimmt voll spannend, oder?«, sagte der Spacken, während er mit dem Endgerät im Selfie-Modus auf Frederick und sich zielte. Die Gruppe wartete. Frederick grinste gequält.

»Ich bin nur drei Tage hier. Ich will nur die Gorillas sehen. Voll teuer. Aber obergeil. Was war das Tollste, was du je mit den Gorillas erlebt hast?«, fragte der Spacken den Guide. Frederick überlegte. »Der Tourist ...« – »Ja?« – »Der Tourist zerstört, was er sucht«, sagte Frederick. »Cool! Danke!«, freute sich der Spacken, versank in seinem Endgerät, versah das Ganze mit Hashtags und einer crazy Story dazu, während Frederick sich an den anderen, etwas konsternierten Gruppenmitgliedern vorbeidrängelte, um endlich weiterzugehen.

Nun saß der Spacken rechts hinter ihm mit seinem Handy und zitterte. Denn das war sein Moment, das Highlight seiner Story. Und auch wenn es der verdammte Zufall wollte, dass er in der zweiten Reihe saß, er musste jetzt funktionieren. Wenn jetzt der Akku leer wäre oder das Ding ihm runterfallen würde oder er einfach keinen guten Shot kriegen würde von dem Ding – er würde sich vermutlich etwas antun. Er würde sich ausziehen und nackt schreiend in den »Dschungel« rennen.

Tim schmuste kurz mit diesem Gedanken, aber dann drängelte es wieder. Und eigentlich sah er alle Gruppenmitglieder von hier aus. Es drückte ihn jetzt sanft von links an der Hüfte und drängelte sich vorbei und streifte dabei seine Hand mit seinem schwarzen Fell. Dann drehte sich der kleine Berggorilla um und schaute ihn mit großen Augen an. Wer hatte ihm den Weg versperrt? Tim machte schnell ein Foto und setzte wieder ab. Der kleine Gorilla verharrte noch ein paar Sekunden, drehte sich dann um und hoppelte zu seiner Gruppe. Jetzt raschelte es rechts vor Tim. Die Österreicherin kreischte kurz leise auf, hatte sich aber dann doch im Griff, als aus dem Gehölz in Windeseile ein Silberrücken an ihnen vorbeihuschte.

Immer wieder zeigten sich die riesigen Primaten, von denen Tim wusste, dass sie ihn wie eine Fliege von der Schulter hätten schnippen könnten. Aber er hatte keine Angst. Keine Sekunde. Er hatte

Respekt, aber keine Angst. Auch nicht, als vor ihm mitten aus dem Busch plötzlich der Silberrücken seinen gewaltigen Schädel steckte und die Lage prüfte. Er kletterte heraus, schritt in Tims Richtung.

Tim durfte den Kreaturen nicht näher als sieben Meter kommen, war ihm gesagt worden. Was aber tun, wenn sie selbst diese Grenze überschritten? Der Silberrücken setzte sich genau vor ihn. Etwa fünf Meter entfernt. Er setzte sich hin und schaute Tim an. Tim erinnerte sich an das Briefing am Morgen: nicht in die Augen schauen, nicht größer machen als der Gorilla. Also blieb er hier sitzen, auch wenn seine Beine längst schmerzten. Als er nicht mehr konnte, ließ er sich nach hinten fallen. Mitten in eine Distel oder Ähnliches. Sein Arsch tat weh. Egal.

Der Silberrücken knickte einen Ast von einem Bambusbaum ab, kaute ihn und schaute sich um. Immer wieder landete sein Blick bei dem bizarren Geschöpf, das sich in seine Welt gepflanzt hatte. Wanderstiefel – geliehen von Bernard –, Mütze auf, Hose in den Socken wegen der für Menschen hier ziemlich ätzenden Insekten, die den Silberrücken nicht einmal marginal interessierten. Er musterte Tim. Und Tim saß da, schaute auf den Boden und aus den Augenwinkeln immer mal wieder in Charles' Augen. Was der wahrscheinlich jedes Mal sofort merkte, wofür er sich aber nicht großartig interessierte. Gefahr ging von diesem bleichen Schlacks in Schutzkleidung jedenfalls nicht aus.

Tims Arsch tat immer mehr weh. Die Spitzen der Distel fraßen sich in seine Haut. Aber er konnte sein Glück kaum fassen. Während die Scheiß-Österreicherin irgendwo in zweiter Reihe allein durch ihr lautes Atmen (sie durfte ja gerade nicht reden) deutlich machte, dass sie nicht akzeptiere, dass sie, obwohl sie so viel Geld bezahlt hatte, nicht vorne saß – während der Spacken allen Ernstes trotz Fredericks Ermahnungen immer wieder versuchte, ein Selfie von sich und dem Gorilla zu machen, saß Tim tatsächlich Auge in Auge mit einem der schönsten Lebewesen der Welt. Seinem Lieblingslebewesen. Dem Schönsten, das er jemals mit eigenen Augen gesehen hatte.

So viel Anmut, Kraft, Würde und doch Fragilität. So viel mehr als jeder Mensch.

Ab und an machte Tim ein Foto, vor allem aber saugte er jede Sekunde dieser rund 5 Minuten so gut es ging auf. Charles und er. Zeitgenossen für 5 Minuten. Irgendwann stand Charles auf und ging seines Weges. Tim blieb noch sitzen, bis ihm Frederick auf die Schulter tippte, ihn in die Arme schloss und sagte: »Wir müssen gleich gehen.« Tim machte ein Foto vom leeren Busch, da, wo Charles gesessen hatte, und kletterte den anderen hinterher.

Völlig entkräftet kam er Stunden später im Hotelzimmer an. Der Aufstieg, der Abstieg, die Fahrt den Berg herunter, das permanente Gelaber der beiden Idioten, die Stunden im Ausnahmezustand ohne Essensdrang – sie forderten jetzt ihren Tribut. Er duschte heiß, hätte gleich schlafen können, ging aber noch essen. Die Nahrung verschwand förmlich in ihm, bevor sie seinen Magen erreichte, so sehr brauchte sein Körper Energie. Tim schlief tief und fest, bevor er sich am nächsten Morgen auf den Weg in Ruandas Hauptstadt Kigali machte. Beseelt von einem der erfülltesten Tage seines Lebens, passierte er Berglandschaften in sattem Grün.

Am nächsten Morgen in Kigali ging er in ein Reisebüro und ließ sich eine Weltkarte zeigen. Die Frau hinter dem Schreibtisch trug eine Uniform mit einer Art Matrosenmütze in dunklem Blau, irgendei-

nem goldenen Abzeichen auf ihrem fast zu engen Jackett und einem hellblauen Hemd darunter. Sie schaute ihn fragend an, während er mit seinem Finger über Asien, Amerika, Australien, die Antarktis und Grönland glitt, als wäre die Welt ein Spielfeld.
»Was ist hiermit?« sagte Tim. »Südamerika?«, sagte sie. »Argentinien?« – »Das ist ein weiter Flug mit einigen Zwischenstopps.« – »Machen wir.« – »Billig ist das nicht.« – »Ich nehme das.« Sie stockte. »Sicher?« – »Nein. Aber wir machen das.« Er grinste. Sie schaute ihn noch kurz an und versank schließlich in ihrem Computer. Anstatt sich Gedanken darüber zu machen, was er gerade tat, hörte er lieber auf das Tippen ihrer Finger. Laut und militärisch, abgehackt und wissend arbeitete sie sich durch ihr Buchungsprogramm. »Return?« – »One Way.« – »Wenn Sie denselben Flug als Return oder im Internet ...« – Er hörte gar nicht hin.

Durch eine Glastür gelangte er aus dem klimatisierten Reisebüro zurück auf die lebhaften Straßen Kigalis. Er ging ein paar Blocks gedankenverloren geradeaus, wimmelte ein paar nervige Typen ab, die ihn zum ersten Mal, seit er in Afrika angekommen war, nicht wirklich störten, und blieb vor einem Laden stehen, der Koffer, Kleidung, Taschen, Haushalts-, Handwerkskram und noch diverse andere Sachen verkaufte.

Einige der Sachen standen vor dem Geschäft. Tim checkte ein paar Preise, spielte erst mit einem Schraubenzieher und dann mit einem Zollstock herum, der wohl im Angebot war, bis der Verkäufer kam. Er führte Tim ein paar Ziehkoffer vor, machte gute Angebote, versuchte es auch mit einem Reiserucksack. Tim dachte an das Paar am Empfang seines Hotels in Nairobi und an den Holländer. Er dachte an die in Trekking-Uniform gekleidete Österreicherin bei den Berggorillas.

Am nächsten Morgen checkte er in neuer, etwas zu großer Anzughose und einem ebenfalls etwas zu weitem Hemd aus, nahm seinen Lederkoffer – ein altes Modell ohne Rollen und ohne ausziehbaren Bügel – in die Hand und packte das Ding in den Kofferraum eines Taxis. In seiner hinteren Hosentasche steckte der Zollstock – er hatte ihn umsonst dazubekommen. Er stieg in den Wagen, drehte das Fenster herunter, sie fuhren los.

BUENOS AIRES

Tim landete am späten Nachmittag in Argentiniens Hauptstadt Buenos Aires. Nach so langer Reisezeit, dass er die Zeit selbst gar nicht mehr wahrnahm, weil er sich abgefunden hatte mit dem Zustand, unterwegs zu sein. Wie lange hatte er ins Nichts gestarrt, wie oft die beiden ihm möglichen Sitzpositionen gewechselt, wie oft war er kurz eingeschlafen und doch wieder aufgewacht. Schon beim Start war sein Kopf immer wieder gegen die Wand des Flugzeuges gestoßen. Und immer wieder war im Halbschlaf sein Kinn von seiner Hand gerutscht oder sein Ellenbogen von der schmalen Sitzlehne.

Er hasste das. Immer wieder dachte er, in der einen Millisekunde zwischen den Müdigkeitsschüben, dass Einschlafen in dieser Haltung nichts bringt, weil das Erwachen kurze Zeit später viel schlimmer sein würde als das Loslassen beim Entschwinden in den Schlaf. Und jedes Mal waren alle seine Moleküle nur einen Moment später wieder so schwer und schwach, dass sie doch wieder nachgaben. Schlafen. Einfach schlafen. Tim war zeitweise so schwach, er hatte das Gefühl, dass sein linkes Schienbein, das auf seinem rechten Knie lag, sich schlaff nach unten bog wie ein dickes Seil. Samt Knochen. Was mussten die Leute neben ihm denken, wenn er mal wieder im Schlaf abrutschte aus seiner Sitzhaltung? Er war zu müde, um diesen Gedanken zu Ende zu denken.

Und wenn er wach war? Wie oft hatte Tim jeden einzelnen Gegenstand in seinem Sichtfeld fixiert und versucht über ihn nachzudenken. Wie oft hatte er die Instruktionen an der Kabinenwand gelesen, die in roten, großen Buchstaben überall aufgeklebt waren und von unmissverständlichen Bildern unterstützt wurden. Wie viele schlechte Geschichten hatte er in dem komplett in Dur designten Bordmagazin angefangen zu lesen und dann doch wieder abgebrochen ohne es überhaupt zu merken? Und wie viele Geschichten hatte er sich selbst lieber irgendwann ausgedacht und dann doch wieder den Faden verloren?

Wie pelzig fühlte sich sein Mund an? Wie geschwollen waren seine Glieder, wie aufgedunsen sein Körper? Wie unfassbar lang war die Schlange bei der Einreise? Wie sehr konnten Menschen stinken, wie unfassbar asozial konnten sie sich verhalten, wenn sie sich vordrängelten oder die ganze Scheißstunde, die er im Schneckentempo durch den Warteparcours geleitet wurde, so nah hinter ihm stehen, dass ihre Tasche immer leicht seinen Rücken touchierte. Er hörte sie atmen, sprechen, denken, Angst haben. Und er spürte sie. Die ganze Zeit.

Es war dunkel, als Tim in einem Taxi vom Flughafen in die Stadt fuhr. Auf einer zunächst nicht stark befahrenen Autobahn glitt der Wagen vorbei an hunderten Wohnblöcken, die mal weit, mal nah an ihm vorbeirauschten und mit ihnen die unzähligen Lichter, die in ihren Fenstern leuchteten. Manche der Lichter waren weiß, die meisten schienen in warmem Gelb.

»Wie viele Menschen es gibt«, dachte Tim mal wieder und blieb dieses Mal etwas länger bei dieser banalen These. Kann das jemand erfassen im Kopf, jemand verstehen, begreifen? Nicht die schiere Zahl – sondern die Zahl der Seelen. Der denkenden, fühlenden, sich entscheidenden, lebenden Seelen. Wenn sich alle auch nur ansatzweise so viel Gedanken machen würden wie er – so viele unsinnige Gedanken, die nie in Taten umgesetzt würden oder die längst keinen Sinn mehr machten oder einfach nie eine Rolle spielten in diesem chaotischen Ozean der menschlichen Existenz – wie viele Gedanken würden das dann sein? Gedanken, die nie sichtbar würden, die oftmals einfach wieder verschwanden und an die man sich meist selbst bald nicht mehr erinnern konnte.

Oder natürlich die ernsten Gedanken. All die Sorgen. Wie viel Sorgen hatte Tim sich schon gemacht in seinem Leben. Sorgen, die rückblickend zu 95 Prozent unnötig waren. So unnötig, dass er sich nicht einmal mehr konkret erinnern konnte an sie. Und selbst wenn sie sich bewahrheitet hatten: Was hatte es ihm gebracht, sich diese Sorgen vorher zu machen? Oder all die Phantasien. All die Gedankenwelten, die ihn abends einschlafen ließen oder all die kleinen Spinnereien, die aus dem Alltag entwuchsen. All das und all das, woran er jetzt gerade nicht dachte.

All diese Menschen, die jeden Tag in ihre Wohnblöcke in Buenos Aires zurückkehrten. In ihre kleine Zelle, in der sie sich etwas zu essen machten oder nicht, in der sie nachts ein Licht anmachten und sich noch etwas Gutes taten, bevor sie den Tag beendeten, um morgen einen neuen zu beginnen – all diese Menschen. In den rund

100 Hochhäusern, die er bereits auf dieser Strecke passiert hatte. Plus alle auf der ganzen Welt. All diese Gedanken. Welche Masse machten diese Gedanken aus?

Die Atmosphäre müsste eigentlich jeden Tag platzen unter diesem Druck, dachte Tim und verdrehte seinen Hals so, dass er aus dem kleinen Autofenster den Himmel sah. Diese jetzt gerade von der Stadt gelblich angeleuchtete, hell- bis dunkelblaue Fläche, die nicht endete. Diese Schicht um die Erde, die manchmal in Science-Fiction-Filmen sichtbar gemacht wurde. Die uns vom Weltall abgrenzte durch einen Nebel, einen schmalen Schleier oder so etwas. An irgendeinem Tag würde diese Atmosphäre wie ein Atompilz ins Weltall aufplatzen und all die Gedanken, all die Sorgen, die Freude, die Ängste, all der Unsinn, der stumpfe Hass, die Liebe – alles würde aus ihr herausschießen und sich im unendlichen Orbit verteilen. Und sich so gut wie auflösen. Die Gedanken wären endlich wirklich frei.

Die Fahrt in die Stadt nahm kein Ende. Tim hatte einiges über Buenos Aires gehört. Dass es kriminell sei, dass man nachts nicht dies machen sollte und das. Tim beschäftigte das. Tim war ein vorsichtiger Mensch, um nicht zu sagen: ängstlich. Wenn er zu Hause in einem Bus saß oder in einer Straßenbahn stand und ein Kontrolleur auftauchte, fühlte er sich immer wie ein Krimineller. Selbst wenn er ein Ticket gelöst hatte. Bei jedem Schritt beobachtete er den Schaffner, wie er langsam näherkam, wie er auf dem Weg zu Tim bei einigen schneller kontrollierte, bei anderen langsamer und wieder andere protokollierte. Nach Ewigkeiten stand er dann bei ihm und begutachtete seine Fahrkarte. Es dauerte ewig. Er musterte das Papier, er musterte Tim. Immer wieder. Abwechselnd. Hätte der Schaffner dann gesagt: »Nein«, oder einfach den Kopf geschüttelt und seine Personalien aufgenommen und ein Bußgeld verhängt und ihn gebeten auszusteigen, hätte er ihn gewaltsam festgenommen und ihn unter dem Beifall der Passagiere abgeführt – Tim hätte es verstanden.

Im Zentrum von Buenos Aires angekommen mietete Tim sich in einer Tangoschule ein. Mitten in San Telmo, einem malerischen historischen Viertel von Buenos Aires. Altbauten, hölzerne Fensterläden, kleine Balkons, Blumenkästen. Schöne junge Menschen schritten durch die Straßen und alte Männer mit Matetee in der Hand saßen auf Bänken und musterten das Geschehen oder diskutierten. Es war wie in einer Filmkulisse. Selbst der Deckenventilator in Tims Zimmer war aus edlem, dunklem Holz.

Tangoklänge schwebten durchs Gebälk. Tim stellte seine Sachen ab und ging spazieren. Im gelben Licht der Straßenlaternen schlenderte er durch die Gassen und sah durch die Fenster immer mal wieder flimmernde Fernseher. Mal hörte er einen Jubel aus ihnen wie von einem Fußballspiel, mal Reporterstimmen, mal etwas, das wie eine politische Rede klang.

Er passierte einige Personen, aber hatte überraschenderweise keine Angst. Es war inzwischen später Abend, manchmal befand sich kein einziger Mensch in seinem Sichtfeld, aber es war ein schöner Ort, den er sich ausgesucht hatte. Es war warm, irgendwoher waberte Musik durch die Gassen, es war friedlich. Tim aß das bisher beste Steak seines Lebens auf der Dachterrasse eines Restaurants. Nur mit Tomaten wurde es serviert und so behielt er es die nächsten Tage bei. Steak mit Tomaten. Er überblickte das niedrig gebaute Viertel und es ging ihm gut. Auf dem Weg zur Tangoschule setzte er sich auf eine Treppe in einen Hauseingang. Er schaute auf seine

Füße auf dem Kopfsteinpflaster, er spielte mit ein paar kleinen Steinen, warf einen in die Mitte der Straße und hörte, wie er aufschlug, noch ein wenig hüpfte und dann zum Liegen kam.

SALTA

Tim schnellte aus seinem Bett hoch. Die Sonne strahlte hinter den hölzernen Fensterläden. Es war Nachmittag, verriet ihm sein Wecker. Salta lag im Norden Argentiniens. Es war der zweitnächste größere Ort auf der Karte neben Buenos Aires, aber die Busfahrt war so viel länger gewesen als Tim sich das vorgestellt hatte – er hatte sich in Sachen Entfernung noch nie so geirrt. Über 20 Stunden war er geradeaus gefahren, obwohl er mit höchstens zehn gerechnet hatte. Immerhin: Er hatte so ein Gefühl für die Größe dieses Landes bekommen, das aus Weiten bestand, die er nicht in seinen Kopf bekam. Irgendwo im Süden hatten die Berge Patagoniens beginnen müssen, irgendwo im Westen die Anden, irgendwo im Norden Bolivien und der Dschungel Brasiliens – versuchte er sich zumindest vorzustellen, als er durch hunderte Kilometer Steppenlandschaft fuhr. Aber hätte er das nicht irgendwann vorher mal gelesen, er wäre nie darauf gekommen.

Salta sah völlig anders aus als Buenos Aires. In der Ferne erhoben sich bereits die Anden, und die spanische Kolonial-Architektur der Stadt war angepasst an ein Klima, das trocken war und noch einmal deutlich heißer als in der Hauptstadt. In dieser gleißenden Mittagshitze war Tim nach einem kurzen Spaziergang im Zimmer seines Hotels noch einmal eingeschlafen. Der Jetlag, immer noch. Er dauerte ewig. Und Tim träumte. Er träumte viel, seit er unterwegs war. Vor allem tagsüber. Zu viel, wie er fand. Er versuchte, tagsüber nicht noch einmal einzuschlafen, aber manchmal konnte er sich einfach nicht mehr wehren.

Tim träumte seltsame Sachen.

Das Gesicht seines besten Freundes hatte gerade gebrannt. Lichterloh. Stundenlang. Während er Tim ansah. Tim konnte nichts dagegen tun. Er war nicht gefesselt oder so, aber er konnte sich nicht bewegen, obwohl sein Freund direkt vor ihm stand, sein Schädel samt Zähnen unter den wild lodernden Flammen längst verkohlt war und er ohrenbetäubend laut schrie. Die Schmerzen hatten unfassbar sein müssen. Seine Augen waren nur noch schwarze Löcher, seine Nase auch. Die Flammen waren aggressiv und schnell, nah dem Schädel waren sie violett und wurden nach außen hin gelblich-rot. Tim spürte die Hitze im Gesicht so, als würde er in der Sauna Millimeter vor dem Ofen sitzen.

Das Geschrei seines Freundes schraubte sich schließlich so hoch, dass es klang wie ein Teekessel auf 120 Grad Celsius. Tim hielt sich die die Ohren zu, aber es half nichts. Die Flammen berührten sein Gesicht, er roch seine verbrannten Augenbrauen, der Schrei seines Freundes fuhr ihm durch Mark und Bein, gleich würden seine Trommelfelle zerbersten.

Sein Herz raste nach dem Aufwachen. So weit war er vor Millisekunden noch weg gewesen von dieser Welt – außerhalb seines Körpers. So weit, dass er wieder einmal müder war als vor dem

Einschlafen. Tim saß minutenlang wie festgenagelt im Bett. Sein Rücken war nassgeschwitzt. Als er sich einigermaßen beruhigt hatte, stand er auf, trank einen großen Schluck Wasser, schlüpfte in seine ausgelatschten Schuhe, vergaß fast, sein Zimmer abzuschließen, und verließ die Pension, in der er wohnte. Ziellos ging er spazieren.

Der Alltag in Salta beruhigte ihn ein wenig, wenn auch nicht viele Menschen in dieser Hitze unterwegs waren. Wie ein Esel in der Sahara schob Tim sich in den schmalen Schattenstreifen an den hellen Mauern durch die Straßen, um nicht direkt der glühenden Sonne ausgeliefert zu sein. Das Wasser in der Flasche in seiner Hand war inzwischen brühwarm und schmeckte nach Plastik.

Schatten fand er in einem Café. Ewig blätterte er durch die Karte, deren Seiten einzeln in Plastik eingeschweißt waren. Dann nahm er eine Gruppe junger Israelis ein paar Tische weiter wahr. Junge Reisende. »Schöne Frauen, schöne Männer«, dachte er, und es störte ihn, wie er immer noch empfänglich war für die unnahbare Aura von Sonnenbrillen. Sie alle trugen Sonnenbrillen. Im Schatten.

Wie selbstsicher sie damit wirkten, wie rücksichtslos sie überall hinschauen konnten, ohne dass es jemand merkte. Wie erhaben sie lachten mit ihren durch ihre dunklere Haut immer weiß scheinenden Zähnen. Wie sehr sie sich einfügten in das Stadtbild mit ihren Smartphones, die sie inflationär benutzten. Sie saßen einfach da, ja lagen fast in ihren Stühlen, als wären sie hier (oder wo immer sie auch gerade waren auf dieser Welt) aufgewachsen oder würden um die Ecke studieren. Wie laut sie Sachen besprachen, ohne sich anzusehen. Wie sehr sie keine touristischen Pläne schmiedeten, wie banal und beiläufig alles wirkte, was sie in ihrem scheinbar endlosen Selbstverständnis taten oder anmerkten. Wie sie mit sich selbst im Reinen schienen und stark genug, jede Situation zu ihrer eigenen zu machen.

Als sie aufstanden und gingen, begann Tim, wieder ins Leere zu starren. Unbewusst hakte er den Fokus in seinen Augen aus. Von außen sah es aus, als würde er nichts machen. Entspannen, innehalten, ein wenig nachdenken vielleicht, aber vor allem: sein. Einfach sein. Nichts wollte er lieber. Und vielleicht sah er auch so aus, wie es ihm ja einige Freunde in der Vergangenheit immer mal wieder attestiert hatten. Wie ausgeglichen er sei in jeder Situation, hatte man ihn mal gelobt.

Er kannte die Wahrheit. Er hatte schon immer relativ entspannt gewirkt auf Menschen. Wie Dicke eben oder Leute mit Bart. Und das war ihm recht. Zugute kam ihm, dass er rhetorisch relativ gewandt war. Vor allem wenn es darum ging, von seinem Inneren abzulenken. Ein dummer Spruch oder eine mehrdeutige Antwort und es war Ruhe. Nichts drang nach außen. Er hingegen setzte sich, seit er denken kann, immer damit auseinander, was innen war.

Lediglich als ihn Freunde ab und an mal fragten, was er sich wünsche, antwortete er ehrlich, wenn auch abstrakt. Er nannte dann vorwiegend Grundverben plus das Wort »einfach«. Einfach sein. Tun. Machen. Vor allem sein. Keine Hintergedanken, keine Zweifel, keine über allem schwebende Wahrheit, die er höchstens mal kurz ausblenden konnte. Keinen Beigeschmack, kein Zwischen-den-Zeilen-Lesen, nichts Kompliziertes, nichts Schwerwiegendes, nichts aus etwas anderem Resultierendes, nichts Unlösbares, nichts dunkel Mitschwingendes. Einfach sein. Vor seinem Haus im Grünen sitzen und der Natur so lange lauschen, bis man Teil von ihr war.

Manche nannten seine Unfähigkeit, ein Buch zu Ende zu lesen, Konzentrationsschwäche. Tim schweifte regelmäßig beim Lesen mit seinen Gedanken ab. Aber das Wort Konzentrationsschwäche klang ihm immer zu passiv. Er empfand diesen Vorgang eher als eine aktive Bewegung seiner Seele. Immer wenn sie sich sehnte nach etwas anderem, suchte sie es, und er gab nach. Er richtete sogar alles danach aus. Sie sollte frei sein, nicht eingeengt von einem schwachen Erzählstrang, von bestehenden Umständen, Eigenschaften oder Konstellationen. Seine Seele sollte frei sein von Sachen, die er einfach nicht lernen wollte oder die ihn einfach nicht mehr interessierten. Nur leider machte eine freie Seele irgendwann wirklich, was sie wollte.

Auf der Straße sah Tim die Gruppe Israelis weggehen. Einige vertieft in ihre Telefone, andere unterhielten sich. Wieder andere schubsten sich lachend und neckten sich – für jeden sichtbar – wie eine perfekte, coole Version junger Menschen.

Tim trank seinen Saft aus und sah eine dunkel gekleidete Person auf der anderen Seite des Cafés sitzen. Kurz dachte er, sie würde ihn anschauen. Schöne Augen hatte sie. Der Rest des Gesichts war verhängt durch ein schwarzes Tuch, aber die dunklen Augen und das Weiß ihrer Iris ließen Tim immer wieder kurz hinschauen.

Tims Blick fiel auf die riesigen Ventilatoren aus dunklem Holz, die auch hier an der Decke hingen und in mittlerer Geschwindigkeit einen angenehmen Luftzug und ein ebenso angenehmes dumpfes Geräusch erzeugten. War er je glücklich gewesen? Oder je nicht? Wie definiert man Glück? War Glück Leichtigkeit? Das Ausblenden der Umstände? Oder ein höheres Gut, das man anstrebte und irgendwann erreichte? Wann waren die glücklichsten Tage seines Lebens gewesen?

Er konnte sich genau daran erinnern. Weil es nicht viele waren. Es waren genauer gesagt ziemlich wenige. Nicht dass es ihm immer schlecht ergangen wäre, aber dass er mal etwas erlebt hatte mit einer ganz irdischen Dramaturgie, danach etwas anderes, dazwischen mit ein paar Menschen geredet hatte, ohne alles bis zum Erbrechen zu reflektieren, ohne Überbau, ohne das Dunkle, das immer da war? Und dass alle diese Ereignisse – es mussten keine großen sein – gut genug waren? Zumindest ausreichend? Selten.

Tim dachte nicht oft an diese Tage. Er hatte Angst davor, sich an Glück zu erinnern – wie schön es sein kann. Sich zu fragen, wann es wieder so sein würde. Warum es nicht öfter so ist. Zu hoffen. Wo andere Diashows erstellten, wo wieder andere Nachtreffen machten oder einfach blätterten in Erinnerungen, hatte er nie auch nur einen der von ihm archivierten Gegenstände als Erinnerung an gute Zeiten jemals wieder angesehen. Es hätte ihn völlig aus der Bahn geworfen, da sein alltäglicher Zustand schon immer leicht unter null zu rangieren schien. Sich deshalb zu erinnern an die Freude, die Selbstvergessenheit, die Unschuld, das Schlichte, das einfache Glück dieser Momente, war gefährlich. Selbst wenn ihn die Sehnsucht danach immer wieder angetrieben hatte – die Erinnerung tat einfach nur weh.

Dennoch präsentierte ihm seine Seele immer mal wieder willkürlich schöne Erinnerungen. Wie dieser Tag vor vielen Jahren in Neuseeland an einem See. Es war auf einer seiner Reisen nach der Schulzeit. Und wie immer an seinen glücklichsten Tagen passierte eigentlich nichts sonderlich Spektakuläres. Zumindest nichts, was die Welt nachhaltig verändern sollte.

Nach einer langen Busfahrt waren er und ein paar andere Reisende in einem kleinen Ort an einem See ausgestiegen. Es war wahrlich nicht der spektakulärste Ort seiner Reise durch Neuseeland gewesen, ein Land, das Tim tief berührt hatte mit seiner verschwenderischen Natur. Gletscher bis an den Strand, Gebirgsketten wie aus einer Traumwelt und dieses allerorts herrschende Grün, das nur noch von etwas übertroffen wurde, das man nicht hatte sehen können: der Luft. Dieser glasklaren Luft eines Landes, das letztlich aus zwei Inseln bestand, die mitten im Pazifik lagen und mal aus Richtung Antarktis, mal aus Richtung Australien, mal aus Richtung Südsee mit Luft versorgt wurden, die für Tausende Kilometer über nichts als Wasser geweht worden war. Luft, die Tim erst bewusst gemacht hatte, welch ein Privileg es ist, überhaupt zu atmen.

Kulturell hingegen hatte Neuseeland nie denselben Eindruck bei ihm hinterlassen wie andere, wirklich fremde Gesellschaften. Um die ganze Welt war er geflogen, länger als 24 Stunden unterwegs gewesen, hatte den Nahen Osten und Asien komplett passiert, um in zugegebenermaßen spektakulärer Kulisse letztlich in ein Pub zu gehen und Bier zu trinken wie in England. Und so hatte sich Tim auch nie die Namen der Orte merken können, die er auf seiner Neuseelandreise besucht hatte, sehr wohl aber ihre Lage. Besagte Siedlung am See etwa hatte nach einem kurzen Spaziergang durch ein Dickicht einen Uferabschnitt zu bieten, der bei Windstille den dahinterliegenden Wald perfekt spiegelte. Einzig die kleinen Wellen der Wasserläufer hatten die untere Hälfte dieses Spiegelbildes ab und an ein wenig gewölbt. Der Rest: eine perfekte Illusion.

Mit ein paar anderen hatte Tim sich eine Hütte mit Blick auf die untergehende Spätsommersonne geteilt, die den komplett mit Holz verkleideten Raum für kurze Zeit mit ihren langen, warmen, fast parallel zum Erdboden verlaufenden, orangenen Strahlen erfüllt hatte. Jedes Staubkorn war zu sehen gewesen in diesem klaren, farbigen Licht. Tim war gerade aus der Dusche gekommen und hatte sein

Handtuch unter dem Arm. Er war bereits voll bekleidet gewesen, nur Socken hatte er noch keine an und so hatte er festgestellt, dass der Teppich des Bungalows nicht nur weiß gewesen war wie Schafsfell, sondern auch weich wie noch kein Teppich zuvor an seinen Füßen.

Nur einen weiteren ebenso weichen Teppich hatte er bis dahin gekannt. Aus seiner Kindheit. Es war damals immer sein Lieblingsmoment gewesen: Nach einem langen Tag frisch aus der Badewanne zu springen, sich mehr schlecht als recht abzutrocknen und ins Wohnzimmer zu seinen Eltern zu spurten, wo er endlos mit seinen vom Wasser noch leicht aufgeweichten Füßen im Teppich oder den Kissen auf dem Sofa hatte herumwühlen können. Fernseher an, Essen da, alles war gut gewesen.

Und während die gerade frei gewordene Dusche irgendwo an einem See in Neuseeland nun von jemand anderem blockiert wurde, hatte auf einmal jemand etwas zu rauchen ausgepackt.

Alle waren Minuten später, als es langsam dunkel wurde, leicht betäubt gewesen. Irgendwann, nach einer Stunde des Lachens und des Diskutierens, hatten er und sie für Sekunden allein im Zimmer gesessen, weil jemand pissen gegangen war. Sie hatten raus gewollt zu den anderen, Sterne gucken. Sie waren beide gleichzeitig aufgestanden, und als sie gegeneinandergestoßen waren mit ihren Köpfen und jeweils ein bisschen theatralisch auf ihre Betten zurückgefallen waren, hatten sie lachen müssen.

Das Licht war schon ausgeschaltet gewesen – sie wollten ja gerade raus. Sie haben geschwiegen. Er hatte seine Hand ausgestreckt, sie auch. Kurz hatten sie sich berührt aber wieder losgelassen. Dann waren sie beide wieder aufgestanden. Mindestens zehn Sekunden, gefühlt zehn Minuten, haben sie voreinander gestanden – kein Wort. Dann hatte sich ihr Kopf auf seine Schulter gesenkt, wenig später seiner auf ihre. Kurz hatten sie sich in den Arm genommen, sich gedrückt, sich in die Augen gesehen. Dann waren sie rausgegangen. Die Sonne war bereits hinter den Bergen auf der anderen Seite des Sees verschwunden, aber sie waren sicher und vor ihnen lag ein guter Abend.

Zwei Tage später waren sie in verschiedene Richtungen weitergereist. Sie haben sich nie wieder gesehen, sich nie geschrieben, er hatte sie nie vermisst. Aber dieser eine Abend, dieser eine Moment, an dem nichts passiert war, und dieses Gefühl – dieses Gefühl, das er nie genau benennen konnte, vielleicht sogar mit Absicht – er würde es nie vergessen.

Er saß immer noch an diesem Cafétisch mit einem weiteren Glas Wasser, und er wusste, wie er gerade aussah: Von außen ruhig, fast stoisch, stabil, aber in ihm brannte alles. Schon wieder. Jetzt gerade war es etwas Gutes gewesen, aber es ließ ihn trotzdem traurig zurück. Als hätten diese letzten guten Gedanken vergessen, hinter sich abzuschließen. Als stünde sein inneres Tor zum Marktplatz der Selbstkasteiung weit offen – mitten in einem Menschen, der in seinen selbstbewussten Phasen die Welt verändern wollte, aber Sekunden später so gelähmt war, dass er nicht einmal seine Kleidung wechseln konnte.

Ein Mensch, der so verkopft war, dass er zum Beispiel über Stunden hinweg einen militärischen Vier-Stufen-Plan darüber austüftelte, wann er auf Toilette ging, damit er auf dem Weg auch noch andere Sachen erledigen konnte, und – egal wann er letztlich pissen ging – sich danach erstmal eine Stunde selbst kasteite, weil es fünf Minuten später dann doch sinnvoller gewesen wäre. Ein Mensch, der immer nur seine Vergangenheit unkompliziert fand. Alles Gute war selbstverständlich, alles Zweifelhafte fürchterlich. Ein Mensch, der, als er einmal spazieren gegangen war, einen Stein vor sich her getreten hatte und nach ein paar Minuten wieder umdrehte, den Stein suchte, ihn aufhob aus dem größten Dreck, um ihn zu seinen Steinfreunden zurückzutragen, aus deren Mitte er ihn vor einigen Minuten mit einem unbedachten Fußtritt gerissen hatte.

Immerhin lenkte Tim dieser gemäßigte Wahnsinn ab von den Menschen, die ihm auf seinem Lebensweg bis dahin begegnet waren. Von all diesen glücklichen, selbstsicheren Menschen um ihn herum. Im Park saßen sie auf Decken und grillten mit Chemikalien verfärbte und geschmacklich betäubte Leichenreste, die zermahlen in den Darm anderer Leichen gepresst worden waren. Sie tranken industriell hergestellte Mischgetränke und präsentierten ihre gut gebauten Körper im Sommerwetter. Mal spielten sie Frisbee, mal hoben sie ihre Kinder hoch, deren Geburt ihre Figur selbstredend nur kurzfristig beeinträchtigt hatte und deren Erscheinen in weißen Kleidern und weißem Sonnenhut ausnahmslos von Freude und Leichtigkeit geprägt war.

Die Menschen ohne Kinder waren auch nicht besser. Manchmal rangelten sie sogar im Park, so locker waren sie. Mittzwanziger, Mittdreißiger und Mittvierziger, einfach so aus Spaß. Auf dem von Hunden vollgeschissenen Rasen des bis in die letzte Ecke mit selbstgerechten Selbstverwirklichern besetzten Parks, dessen Nutzer trotz ihrer Karriere in den Medien alle immer noch im Herzen jung und wild waren. In ihrer Freizeit, zwischen ihren flexiblen Arbeitszeiten, konnten sie trotz kreativer Großprojekte locker abschalten. Sie trugen V- oder einfach extrem weite T-Shirt-Ausschnitte, hatten eine rasierte oder perfekt leicht behaarte Brust – je nachdem, was angesagt war – und spätestens das bodenständige Karohemd, das leicht aufgeknöpft war, ließ ihre leicht gebräunten Körper (weil sie oft draußen waren) eins werden mit dem Großstadtsommer.

Einige von ihnen bewegten sich mit dem Fahrrad fort, mal mit Oldschool-Korb vorne dran, mal sogar mit Bollerwagen. Und damit sie diesen weiteren guten Tag ihres grenzenlosen, urbanen Lebens in geordneten Bahnen niemals vergessen würden, wurde er dokumentiert. Selbstauslöserfotos in schönem Licht – zur Not 20 Versuche – am besten mit dem Sprössling oder den Liebsten ganz nah Wange an Wange. Sie reihten sich in die gleichgeschaltete Masse derer ein, deren bemerkenswertestes Merkmal war, dass sie dachten, sie seien nicht gleichgeschaltet. Alle sind glücklich, alle haben Sommer, alle schaffen es. Immer.

Wann war Tim so ein zynisches Arschloch geworden? Verletzt von all dem, was immer sein würde, was normal ist, was die Mehrheit, der einfachste Weg und vielleicht auch ein akzeptabler Weg war. Warum hasste er sie alle so? In seinem Kopf sezierte Tim seit einiger Zeit jede Regung dieser menschlichen Kompromisse, die glücklicher waren als er. Er konnte nicht fassen, dass dieser geballte menschliche Durchschnitt es geschafft hatte, sich kollektiv und unbewusst darauf zu verständigen, was der Weg ins Glück sei und dass alles eigentlich ganz in Ordnung war. Diese unfassbaren Mengen an schlichten Gemütern, die seit Generationen im besten Fall einmal im Kreis rannten, bevor sie sich einreihten. Und das Schlimmste war, dass sie es nicht einmal merkten.

Die banalsten Dinge wurden zelebriert als beste Lösung aller Zeiten, als Lifestyle, und niemand fragte sich, ob das vielleicht jemanden verletzte. Ob es nicht eigentlich total zum Kotzen war, anderen Menschen permanent seine neue perfekte Version des Lebens zu präsentieren. In guten Momenten war Tim klar: Letztlich taten Menschen auch das nur, um sich selbst zumindest ein bisschen Halt zu geben in diesem Wahnsinn. Um ihrer eigenen mickrigen Scheißzeit in diesem beschissenen Zeitalter der endlosen Möglichkeiten irgendeine Bedeutung und zumindest an der Oberfläche eine klare Linie zu geben. Seht her! Ich habe heute genossen! Ich bin glücklich! Ich weiß meinen Weg! Ich habe sogar Freunde! Ich lebe!

Fotzen.

»Ihr blöden, egomanen Arschfotzen.«

Damit war die Frage, wann und vor allem warum er so ein zynisches Arschloch geworden war, allerdings noch nicht beantwortet.

Vielleicht war er wegen seines durchschnittlichen Aussehens ein zynisches Arschloch geworden. Weil er nicht den Körper eines Schwimmers hatte. Er war nicht der, dessen Haut sich beim ersten Sonnenstrahl goldbraun färbte und die Haare auf den Armen irgendwann blond. Er hatte keine blauen Augen, er hatte auch leider inzwischen mehr Substanz im Schädel als auf ihm drauf. Er war keiner dieser perfekt gebauten Einzeller, die durch ihr Leben glitten, ohne sich groß Gedanken zu machen. Leider fand er auch weder Autos noch Kampfsportarten, geschweige denn ausgiebiges Saufen in großen Gruppen in Irish Pubs sonderlich erquickend. Leider hing sein Lebensglück nicht an einem acht Quadratmeter großen Gasgrill, auf dem er absurde Fleischzubereitungsarten zu einem Ritual erheben konnte. Und leider konnte er sich auch nicht mehr so sehr belügen, dass er mal eben für einen Monat nach Indien oder Thailand flog, dort tat, was eine Million Menschen pro Jahr auch machen, nur um wiederzukommen, um allen als personifizierter Dreamcatcher mitzuteilen, wie frei er jetzt sei.

Leider fühlte er sich beim Aufstehen nie so, als könne er die Welt umarmen. Leider probierte er selten Hosen oder Shirts an, die ihm sofort passten. Leider hatte er auch keine Familie im Hintergrund, die so wirkliche Geldprobleme nicht aufkommen ließ. Leider ging er krumm, leider hatten die Weisheitszähne sein Gebiss so stark verschoben, dass das größte Kompliment, das er (seitdem der Jugendbonus endgültig weg war) bekam, lautete, dass er ein charakterstarkes Gesicht hätte. Und leider hatte er auch nicht so ein ausgeprägtes Selbstbewusstsein wie Sportler auf Pressekonferenzen oder die Jungs, die Freitagabend nach sechs Bier mal richtig losließen, sich fast auf die Fresse hauten oder Fremde angrabschten, um dann nach Hause in die bis in die letzte Ecke versicherte Zone zu torkeln. Leider war ihm das Leben nie auf einem Silbertablett serviert worden.

Nur eines hatte er, was die anderen nicht hatten. Sein Leid. Eine inzwischen nicht mehr in einem Tag zu bereisende Landschaft des Leids, die er sich über die Jahre in mühevoller Kleinarbeit aufgebaut und gepflegt hatte.

Er erforschte sein Leid schon lange. Nicht psychologisch, eher geographisch. Es war eine geographische Liebe. Und eine physische. Tim umarmte sein Leid in manchen Momenten. Warm war es und pochend wie ein schwarzes Herz, das klebte und krank war, aber viel zu stark und eben auch zu warm, als dass er es töten konnte. Eines Tages hielt er es mit beiden Händen hoch und stieß mit seinem Kopf hinein. Er steckte seinen Kopf mitten rein in die gewaltige, schwarz glänzende Pechmasse. Und plötzlich hörte er sie gar nicht mehr. All die glücklichen Menschen in ihren Parks, auf ihren Fahrrädern oder Profilen. Still war es, und während seine Ohren noch fast verbrannten an der Hülle, wehte ihm bereits eine frische Brise ins Gesicht. Er meinte sogar, ein paar Vögel piepsen zu hören. Also stemmte er die Öffnung soweit auf wie er konnte, und kletterte ganz hinein. Was sich ihm dann eröffnete, war ein Paradies. Und seit diesem Tag baute er es, wann immer das schwarze Herz auftauchte, immer weiter aus.

Seine Landschaft des Leids. Von oben sah Tim sie am besten. Den ganzen Canyon, der sich ihm inzwischen eröffnete. Der obere Rand lag auf null, auf dem, was andere Menschen als Normalzustand bezeichnen würden. Der Rand war schmal. Doch darunter erstreckte sich eine wunderbare, sich langsam senkende, grüne Ebene aus satten Wiesen. Hier und da ein Baum, ein paar kleinere Hügel, Waldstücke, die bis an ein steiniges Flussufer heranreichten. Es war ein kleiner Fluss, an dessen Rand vereinzelte abgestorbene Baumstämme lagen, in denen sich Biberfamilien niedergelassen hatten. In den lebenden Bäumen nisteten derweil Vögel und auf ein paar Baumkronen thronten gar große Greifvögel, die das Flussbett beobachteten, das auf natürlichem Wege durch das Tal mäanderte.

Wenn Tim hinabstieg und sich ruhig verhielt, konnte er sich an das Ufer des Flusses setzen und zwischen den Bibern und unter den Vögeln ein wenig zuschauen, wie seine Gedanken vorbeiflossen. All die Liebe, all die Angst, die Sorgen, die Freude, all die Trauer, der Selbsthass, die Wut. Alle flossen sie in Ruhe an ihm vorbei. Manchmal tat es weh, aber nur kurz. Es ging ja weiter. Manchmal musste er ein wenig grinsen. Wie schön es war. Er würde es vermissen, wenn es nicht mehr da wäre. Könnte er noch leben ohne dieses Tal und die Gewissheit, dass es existiert? Niemand anderes war hier. Kein Mensch. Und würde ihn jemand in diesen Momenten von außen fragen, was los ist, er würde sagen:

»Es ist nichts.«

Und er würde es genau so meinen.

»Es ist: nichts.«

Nichts.

Nichts ist.

Er saß jetzt wieder oben am Rande des Tals. Ein leichter Wind wehte, die sinkende Sonne strahlte inzwischen seitlich auf die Bäume, den Fluss und die Wiesen. Alles hatte seinen Platz und genug davon. Auf einer Lichtung nah dem Fluss trottete ein Fuchs aus dem Wald. Leicht gebückt aber leichtfüßig. Die tiefe Sonne ließ sein Fell rot leuchten. Er blieb stehen und drehte seinen Kopf zu Tim. Eigentlich war er viel zu weit weg, aber Tim sah die Augen des Fuchses. Die grünen, strahlenden Augen. Langsam schlossen und öffneten sich die Lider des Tieres. Als könne der Fuchs das steuern. Eine ganze Weile schauten die beiden sich an, dann schloss Tim seine Augen und spürte nur noch den leichten Wind.

Bis ein Lichtstrahl von vorne das Schwarz seiner Lider in Rot verwandelte, ihm schließlich jemand das linke Auge aufriss und ihn frontal blendete.

»Es ist nichts.«

Sagte eine ihm bekannte Stimme.

»Es ist alles soweit okay. Es geht ihm gut.«

Dr. Mario nahm die Taschenlampe weg. Tim lag in seinem Krankenhausbett in Uyuni in Bolivien. Dr. Mario grinste, gab der Schwester, die noch mehr grinste, die Lampe und sagte: »Es geht ihm besser. Er hat nur geschlafen.« Wie lange wusste Tim nicht. Und bevor er sich genügend gesammelt hatte, um das fragen hätte zu können, war das Ärzteteam schon wieder abgezogen. Schwach fühlte Tim sich, aber das erste Mal seit Tagen wie ein Mensch. Selbst wenn er Menschsein bisher immer anders definiert hatte.

Ein paar Tage später verließ Tim das Krankenhaus. Sofort brannte ihm die Wüstensonne wieder in den Nacken. Alles war voller Staub: sein Koffer, seine Kleidung, seine Papiere, aber das machte ihm nichts aus. Er stellte seine Sachen in irgendeiner Pension nahe dem Bahnhof ab, ging zweimal essen, war immer noch nicht satt, schlief früh ein und nahm am nächsten Morgen den ersten Zug und dann den Bus in Boliviens bekannteste Stadt: La Paz.

Es war eine lange Fahrt, aber nicht ohne bekannte Gesichter. Die Israelis saßen im selben Waggon und waren noch brauner als vor ein paar Wochen. Tim aber er kam ins Gespräch mit einem Deutschen: »Ist das dein Zollstock?«, hatte Michael ihn gefragt. Tim hatte ihn wohl beim Einsteigen verloren. Sie plauderten ein bisschen. Das übliche Gewäsch. Wo kommst du her, wo willst du hin ... »Kuba«, sagte Michael. »Kuba«, dachte Tim. »Ich muss hier noch etwas erledigen«, erklärte Michael, »aber in zwei Wochen bin ich auf Kuba.« Sie verabredeten sich für ein Treffen in Havanna. Die Zeit bis dahin beschloss Tim mit einer anderen Karibikinsel zu füllen, die eigentlich direkt neben Kuba lag und doch Lichtjahre entfernt.

JAMAIKA

Ein paar Tage später saß Tim auf dem Balkon seines Hotelzimmers und schaute auf die Abenddämmerung der Karibik. Heiß war es und feucht, gefühlt 1000mal feuchter als in der Salar de Uyuni in Bolivien. Verwaschen schimmerte das Orange des Himmels und wurde teilweise verdeckt von dunklen Wolken. Die hellgelbe Sonne verschwand immer weiter hinter dem Horizont, das Meer lag dar wie ein schwarzer, matter Teppich, am Horizont fuhr ein Schiff.

Soviel zum Karibik-Klischee.

Manche Länder waren anders, als Tim es sich vorgestellt hatte, Jamaika war das Gegenteil seiner Erwartungen. Er konnte die Spannung in der Luft von der Sekunde an greifen, in der er das Flughafengebäude verlassen hatte. Und er konnte nicht fassen, dass fast in Sichtweite zu einer der letzten Bastionen des Kommunismus, Kuba, eine Insel lag, auf der so sehr wie noch nie in seinem Leben alle negativen Seiten des Kapitalismus sichtbar für ihn wurden: die übergewichtige, prollige Amerikas, die komplett profitorientierte eines Paradieses, das sein touristisches Potenzial ausbeutete, das Streben so vieler Menschen hier nach einem Leben wie in dem Land, das Jamaika so zusetzte und außerdem lang nicht mehr so ein Paradies war wie hier geglaubt wurde: die USA.

Mehrere Abende am Stück saß Tim auf dem Balkon seines Hotels und sah auf die wunderschöne Karibik, die gleich hinter der Hauptstraße und einem schmalen Park begann. Im Park tummelten sich allerlei Gestalten. Mütter, Kinder, Alte, Junge, Beschäftigte, Entspannte. Und jedes Mal sahen sie am besten aus im täglich aufs Neue grandiosen Sonnenuntergang, der durch die feuchte Jahreszeit und die regelmäßigen starken Regenschauer inklusive spektakulärer Wolkenbilder immer wieder atemberaubend war. Gern saß man in diesem Park und ließ den Tag ausklingen.

Ein paar Minuten später, in der Dunkelheit, wollte man nicht mehr in diesem Park sitzen. Es mag an Tims gerade wieder äußerst fragilem Zustand gelegen haben, denn immer wieder las er im Netz von einigen grandiosen Ecken, die Jamaika zu bieten hatte – die eben dieses Klischee des ewig entspannten, sonnentrunkenen Inselstaates erfüllten. Aber hier, in Montego Bay, wo sein Flug vor ein paar Tagen angekommen war, hatte er einen Respekt, sein Hotel zu verlassen, wie noch nie in seinem Leben. Um nicht zu sagen: Angst.

Ab und zu zauberte ihm eines der vorbeirasenden Autos ein Lächeln aufs Gesicht. Tiefergelegt, frisiert, in Farben, die selbst in den Achtzigern aufgefallen wären, kündigte sie nicht zuerst ihr verboten lauter Motor an – sondern ihr Bass. Jamaikas Musik, und das war in der Tat wunderbar, war überall auf der Insel präsent. Wenn auch kaum mehr in relaxter Reggaeart, sondern in prolliger, durch Technik gepimpter Form. Tagelang mussten die Besitzer der Wagen an diesen unfassbaren Anlagen geschraubt haben. Die Kofferräume mussten komplett ausgefüllt sein mit Verstärkern. Die Bässe ließen Wände zittern und töteten in den Sekunden, in denen sie vorbeirasten, jedes andere Geräusch ab.

So auch das Gelaber des aktuellen Freundes von Tim. Es war der Morgen nach so einem malerischen Karibikabend, und Tim hatte sich auf den Weg vom Hotel in das etwa 500 Meter entfernte Stadtzentrum von Montego Bay gemacht. Und auf diesem Weg hatte Tim circa jede Minute einen neuen Freund. Er hatte die Warnung der Hotelangestellten nicht wahrhaben wollen. Es musste doch möglich sein, zu Fuß in das von hier sogar sichtbare Zentrum zu gehen. Einfach an der Hauptstraße und am hellblauen Wasser entlang. Er hatte das Angebot eines Taxis – zumindest für den Hinweg – ignoriert. Er bereute es schnell.

Tims Freunde warteten in einem Abstand von etwa 50 Metern auf ihn auf dem Gehweg. War der eine fertig, kam der nächste. Es begann immer mit einem »Hey, my friend, where you come from?«-Approach, der ihm lustig trällernd entgegenflatterte. Das breite Grinsen, das Tim erwartete, bot auch gern mal etwas zu rauchen an. Aber spätestens nachdem Tim zurückgegrüßt hatte und mit einem freundlichen »Nein« jeden Reisetipp und etwas zu rauchen dankend abgelehnt hatte, wurde sein neuer Freund deutlicher, schließlich aggressiv und forderte Geld. Tim drehte sich noch einmal um und schüttelte freundlich den Kopf, was nicht verhinderte, dass die immer deutlicher werdende Hasstirade noch garniert wurde mit Rassismusvorwürfen. Und gerade als die verhallt waren, begrüßte ihn die nächste Stimme. »Hey, my friend, where you from? Where you going?«

Aus irgendeinem Grund wiederholte Tim seinen Fehler in den Folgetagen. Immer wenn er in die Stadt musste, ging er zu Fuß und fuhr mit dem Taxi zurück. Und tatsächlich: Es veränderte sich etwas. Heute wurde er nicht übergeben von einem Freund zum nächsten – er hatte erstmals einen ständigen Begleiter. Begonnen hatte alles wie immer, nur dass der Kollege nicht zurückblieb, sondern Tim begleitete und ihm den Weg in die Stadt zeigte. Jenen Weg, den Tim bereits viermal gegangen war und auf dem Start und Ziel sogar in Sichtweite waren.

Doch das Wort »No« war, trotz mehrfacher Erklärungsversuche in allen möglichen Sprachen und Tonlagen, Tims aktuellem Freund nicht zu vermitteln. Der redete einfach weiter, schob die wartenden anderen Freunde beiseite und deutete Tim den Weg, den der eh ging. Tim schüttelte mit dem Kopf. Er blieb stehen, erklärte noch einmal mit Händen und Füßen, dass er keine Hilfe brauchte und auch keine wollte, und der Typ blieb tatsächlich zurück. Allerdings nur ein Stück, denn Minuten später ging er wieder hinter Tim. Teilnahmslos allerdings. Hände in den Taschen. Kein Gelaber. Er schien verstanden zu haben.

Montego Bay wird in Katalogen gepriesen als Karibikparadies. Vor allem Amerikaner stehen hier auf dem tatsächlich schneeweißen Sand knietief im Wasser mit einer Margarita in der Hand und glauben, dass sie es geschafft haben. Dass sie sich selbst verwirklicht haben in eingezäunten Strandabschnitten, die Eintritt kosten. Abschnitte, die nicht von den Einheimischen betreten werden dürften, es sei denn, sie tragen eine Kellneruniform und bringen den Weißen Bier. Dass diese zu jeder Sekunde spürbare Zweiklassengesellschaft Tims zahlreiche neue Freunde sicherlich komplett abfuckte, war den dicklichen, verbrannten US-Rednecks nicht einmal egal. Sie merkten es einfach nicht.

Dieser ekelhafte Touristenbetrieb fand in einer ausgelagerten Touristenstraße von Montego Bay statt. Zwischen ihr und der eigentlichen Stadt lag Tims Hotel. Auf der Tourimeile ließen sich Weiße mit Plastiknachbauten von Cool Runnings fotografieren, während sie aus einer echten Kokosnuss tranken. Die eigentliche Stadt hatte keine schöne Ecke. Sie war arm, schmutzig, hässlich. Es gab ein paar reichere Villen an den Berghängen, aber das Zentrum selbst war positiv ausgedrückt funktional für eine Gesellschaft, die irgendwie klarkommen muss.

Im Zentrum angekommen, steuerte Tim einen Musikladen an, den er Tage zuvor bereits kurz besucht hatte. Er kannte die Besitzer inzwischen ein wenig, und bevor er morgen nach Negril, einen der schönsten Strände Jamaikas, reiste, wollte er von ihrem Wissen profitieren. Er wollte Musiktipps. Entschlossenen Schrittes ging er die Treppe vom Einkaufszentrum hoch, als ihn sein Freund und Begleiter am Arm festhielt. »I show you where to go. Now pay.« Tim lachte, erklärte dem Freund, dass er ihn nicht brauchte, dass er ihm das mehrmals gesagt hatte, aber der wiederholte sich und wurde rauer im Ton.

Der Treppenaufgang war kurz, aber eng. Er lag zwischen zwei Betonwänden, kaum Licht fiel hinein. Es war extrem heiß. Unten gingen Leute vorbei und guckten kurz hoch, gingen aber weiter. Der Typ wurde noch einmal deutlicher, sprach von einem Messer, das er in der Jacke hatte. Tim glaubte das nicht, merkte aber irgendwann, dass sein Freund nicht aufhören würde, und herausfinden wollte er das mit dem Messer nicht. Die Augen seines Freundes waren blutunterlaufen. Er wirkte nervös, schwitzte auf der Stirn, seine Kleidung war ausgeleiert und dreckig. Er schaute sich um. »Now! Give me my money!«

Tim gab nach, sein Freund wurde ruhiger. Tim fummelte einen 20-Dollar-Schein aus seiner Hosentasche. Seine Kamera hatte er im Hotel gelassen, seinen Pass natürlich auch. Seinem Freund reichte das nicht. Tim nahm nur noch dumpf wahr, wie er den Schein anschaute und sagte: »More!« Tim schüttelte mit dem Kopf und war eigentlich kaum noch da. Er begann tatsächlich bereits jetzt damit, sich dafür zu kasteien, dass er kein Taxi genommen hatte. Wobei ihm der Schmerz der selbst zugefügten Peitschenhiebe angenehmer erschien als das, was er gerade erlebte. Der Typ tastete ihn ab, schaute sich um, kam nah an Tims Gesicht und schaute ihm in die Augen. »Is that all you got?« Aus dem Mund stank er nach Armut. Tim nickte und grinste fast ein bisschen. Der Typ schaute auf seine Jackentasche, in der seine rechte Hand steckte und mit etwas spielte. Tim zuckte mit den Schultern. Der Typ haute ab.

Tim senkte den Kopf, atmete ganz ruhig. Er blieb noch ein paar Minuten stehen in dem Treppenaufgang. Leute gingen unten vorbei, schauten hoch, gingen weiter. Leute drängelten sich an ihm vorbei.

Tim ging herauf in die Sonne. Setzte sich auf eine Bank. Kramte sein weiteres Geld aus seiner Socke. War wie betäubt. Ging in den Musikladen, schaute teilnahmslos durch Plattenregale, hasste sich, kaufte sich eine gebrannte CD von den beiden irrsinnig netten Verkäufern mit deren Lieblingssongs, nahm ein Taxi zurück, stieg aus, empfand die Klimaanlage des Hotels nach Überschreiten der Grenze zwischen Realität und Resort als das Schönste der Welt, blieb vor einem Aquarium stehen. Musterte minutenlang die tropisch bunten Fische, die in ihrem schönen Gefängnis hin und her schwammen. Einer hatte ein großes Glubschauge. Er war orange und weiß und schwarz gefleckt, etwas größer als alle anderen und sah lustig aus. Sie schauten sich an. Tim wankte zum Fahrstuhl, ein kleines Mädchen in nassem Badeanzug rannte schnell noch mit rein, schaute ihn mit großen Augen an, lachte ihn an. Er grinste schwach zurück, ging in sein Zimmer, setzte sich aufs Bett.

Stand irgendwann auf. Bestellte das erste Mal in seinem Leben etwas bei einem Zimmerservice. Aß und schaute fern. Setzte sich auf den Balkon, sah einen wunderschönen tieforangen und violetten Sonnenuntergang mit Wolkenbildern wie riesige Van-Gogh-Gemälde. Jede Minute ein neues, weltumarmendes Werk voller tieftrauriger Schönheit. Am Horizont fuhr ein Schiff, das aus der Entfernung aussah wie ein Segelschiff.

Tim nippte an einem Bier, das dann aber warm wurde in seinen Händen. Ein Auto samt Bässen pumpte vorbei. Es kam aus der Richtung des Touristenghettos und raste zum Stadtkern. Tim sah die Straße, den schmalen Park mit den Pennern und den anderen Gestalten. Er sah den Weg in die Stadt samt all seiner Freunde in ordentlichem Abstand zueinander. Wie sie auf neue Idioten warteten. Keine in Sicht. Nur eine schwarz verhüllte Frauengestalt bahnte sich den Weg. Sie passte hier nicht her. Er hatte sie irgendwo schon einmal gesehen.

Tim sah zurück aufs das Meer. Das wunderschöne Meer. Und er fühlte Trauer. Tief in sich. Ganz fest. Als sei die Trauer kein Gast, der ab und an mal vorbeischaute und vielleicht auch mal zu lange blieb. Sondern als sei sie ein Teil von ihm. In ihn installiert, ein Teil seiner Seele, seines Ichs. Tiefe, orangene, violette Trauer. Geschwungen, ausstaffiert, beweglich, in unendlich vielen Farbnuancen. Weich, schillernd, aber nie zu hell – wunderschön. Sie legte sich über den Tag, beruhigte die Hitze, ließ das Meer glitzern im schwindenden

Licht und kommenden Mondschein. Als sei alles in Ordnung, so, wie es war.

In der Nacht träumte Tim. Er träumte, dass er ein Vogelnest auf dem Kopf trüge. Mit kleinen Vögeln drin. Es pikste ein bisschen, aber strahlte auch etwas Wärme ab. Er mochte den Gedanken, dass jemand da ist. Und er mochte dieses Gefühl der Sicherheit: dass immer wenn ihn jemand darauf ansprach – Mitschüler, Kollegen, Fremde in der Disco oder in der Bahn –, immer wenn jemand Tim fragte, warum er ein Vogelnest auf dem Kopf hatte, die kleinen Vögelchen fröhlich anfangen würden zu piepen.

Die Zeit in Negril war die Hölle. Negril besaß einen der schönsten Strände, die man sich vorstellen konnte. Schneeweiß, puderfein und sanft senkte er sich ins türkise Wasser, ließ sich Zeit bei seiner Neigung von kniehoch zu hüfthoch und dann zu brusthoch, um dann langsam in tieferes Blau zu sinken. Tim hatte eine Hütte gemietet von Ivy, einer älteren Dame, die wundersamerweise ein paar simple Holzbungalows zwischen all den Resorts voller Honeymooner, Sextouristen und Sauftypen vermieten konnte. Ihr Bediensteter, ein junger schlaksiger Kerl, der an seiner rechten Hand einen weiteren kleinen, sechsten Finger hatte, wurde über die Tage zu einem recht angenehmen Zeitgenossen von Tim.

Bis er eine riesige Machete aus seinem Gürtel zog. Tim zuckte zusammen. Sein Buddy musterte die mächtige, leicht rostige, aber offensichtlich scharfe Klinge. Er schaute Tim an, drehte sich um, bückte sich und schnitt wie durch warme Butter ein dickes, grünes Blatt von einer Bodenpflanze ab, die wohl zu den Kakteengewächsen gehören musste, wie Tim mit seinen armseligen Biologiekenntnissen einfach mal vermutete. Er griff sich Tims Arm, ließ die Flüssigkeit auf Tims Sonnenbrand tropfen und verrieb das Ganze. Dann hielt er Tim das Blatt unter die Nase. Aloe vera. An der Straße. In der trockenen Hitze.

Auch Ivy war gut zu Tim. Sie bekochte ihn sogar an einem Abend und war immer bereit, Fragen zu beantworten. »Abends nicht allein an den Strand«, sagte sie und: »Keine Nutten in der Hütte!« Die meiste Zeit aber verbrachte Tim ohnehin in seiner Hängematte, die zwischen zwei Palmen gespannt vor seiner Hütte mit direktem Blick auf die Karibik baumelte. Er war der einzige Gast, die Hängematte war immer frei. Er hörte viel Musik, wurde jeden Tag brauner, aß viel Obst, schlief viel. Und doch herrschte in ihm gähnende Leere und Krieg.

Er konnte nicht genau beschreiben warum. Er machte sich immer noch Vorwürfe wegen des Überfalls. Hätte er zur Polizei gehen sollen? Wegen 20 Dollar? Hätte er es vermeiden können? Hätte er sich wehren sollen? War das überhaupt ein Überfall gewesen? Hatte der Typ überhaupt eine Waffe gehabt? Egal wie er es drehte und wendete: Er hatte Schuld. Und er hörte nicht auf, es zu drehen und zu wenden. Warum war er überhaupt nach Jamaika gekommen? Warum hatte er die Reisewarnungen ignoriert? Warum hatte er nie ein Taxi in die Stadt genommen? Und warum konnte er nicht zumindest froh darüber sein, dass er unversehrt war, dass er keinen Pass oder mehr Geld verloren hatte?

Warum konnte er nicht einfach glücklich darüber sein, dass er gerade in einer Hängematte an einem der schönsten Strände dieser Erde lag? Die Mischung aus hellgelbem Sand, weißer Brandung, türkisenem und dann blauem Wasser, garniert mit ein paar grünen Palmenblättern von oben, welche die Sonne reflektierten. Warum erfreute ihn nicht einmal das? Dahinten ging sein Buddy mit den zehneinhalb Fingern vorbei und grüßte nett, in der Küche kochte Ivy für ein paar Gäste, aber womit hatte er deren Freundlichkeit überhaupt verdient? Taten sie das nur aus Mitleid? Weil man ihm ansah, was für ein Loser er war? Was für bemitleidenswerter Pseudomensch er war, der zu dumm war, alleine klarzukommen?

Was würden die Leute zu Hause inzwischen denken? Er würde keinen Job haben, wenn er zurückkam. Zu Recht. Und wofür? Um sich ausrauben zu lassen und sich wie Scheiße zu fühlen? Zu versagen auf ganzer Linie? Weil er der Lüge erlegen war, dass ein bisschen Freiheit und Selbstverwirklichung den großen Knoten in seiner Seele platzen lassen würden? Er müsste es besser wissen. Und was war mit all den Leichen, die ansonsten noch im Keller seiner Seele schlummerten? Hatte er ernsthaft geglaubt, sie würden verschwinden? Nicht dass er von einer Leiche konkret wusste, er hatte immer sein Bestes in jeder Situation gegeben – samt kleinerer Fehler oder Irrungen. Aber wer sagt denn, dass da nicht noch mehr wäre? Und dass ausgerechnet er widerliches Wesen alleine beurteilen könnte, was in Ordnung ist und was nicht? Wie sich alle von ihm abwenden würden, wenn sie wüssten, wie schlimm er wirklich war. Was für ein widerwärtiges, egomanes Schwein er war. Immer wieder kam Tim zu diesem Schluss – egal aus welchem Winkel er sein gescheitertes, auf Lügen basierendes Dasein auch beleuchtete.

Hinten am Strand stand eine mittelalte weiße Frau. In ihrem Badeanzug war sie nicht sehr ansehnlich, ihr knallroter Sonnenbrand tat ein Übriges. Sie wirkte einsam, sie tat Tim leid. Bis ein heimischer Jüngling aus dem Wasser zu ihr kam und ihr den intimsten Kuss gab, den Tim jemals in der Öffentlichkeit gesehen hatte. Die Frau gab sich dem Jüngling hin und ihm dann aus ihrem Brustbeutel mit Marihuana-Aufdruck Geld, woraufhin er von der Resort-Bar etwas zu trinken holte.

Ein anderer Einheimischer kam zu Tims Hängematte. Er bot ihm Drogen an. Tim verneinte. Er bot ihm Drogen an. Tim verneinte. Er bot ihm Drogen an, Tim verneinte. Er bot ihm Drogen an. Tim kapitulierte. Er ging zurück in die Hütte, in der es brütend heiß war und dunkel. Er legte sich unter sein Moskitonetz und kauerte dort wie eine Krabbe an Land. Wie ein getretener Hund. Wie ein Mörder in Reue. Er schloss die Augen und schlief ein wenig.

Als er aufwachte, saß sie da. In der Ecke, rechts von der Eingangstür. Die Frau mit dem schwarz verhüllten Gesicht. Ihre Augen hatten ihn fixiert. Er sah sie nur aus dem Augenwinkel, weil er noch auf seinem Gesicht lag. Er hatte sich noch nicht bewegt. Er drehte sich nur langsam um, setzte sich auf und sah sie dabei unentwegt an. Still und schweigend saß sie in der Ecke, hinter dem Moskitonetz. Tims Herz schlug im Hals.

Er schaute sie an, dann schaute er kurz weg, dann schaute er sie wieder an. Er musste pissen. Irgendwann so doll, dass er einfach aus der Hütte musste. An ihr vorbei. Tausendmal ging er den Bewegungsablauf durch. Linker Fuß raus aus dem Netz, auf den Boden, der rechte könnte es dann schon aus der Tür schaffen. Tausendmal ging er das durch. So oft, dass er kaum glauben konnte, dass er es gleich tun würde. Aber er musste so unfassbar pissen. Und tat es dann.

Er sprang aus dem Netz, berührte mit seinem linken Fuß den Holzboden und rannte raus in den Sonnenuntergang. Er ging schnurstracks unter die Dusche, pisste, versuchte sich an den paar lauwarmen Tropfen von oben etwas abzukühlen. Hatte die Seife vergessen, nahm irgendetwas, das da herumstand. Die Luft würde ihn schnell trocknen, das war kein Problem.

Er ging zurück zur Hütte. Die Moskitos befielen ihn bereits. Er musste jetzt rein. Die Tür stand noch auf, was dumm war, wovor Ivy ihn gewarnt hatte. Wo war sie überhaupt? Das Restaurant war abgeschlossen, von ihr und seinem Buddy keine Spur. Tim ging langsam die drei Stufen zu seinem wackeligen Holzbalkon hoch. Er schob die Tür einen Spalt weit auf. Er schaute ins Dunkel, konnte kaum etwas sehen, aber er erkannte: Die Frau war wieder weg.

KUBA

Michael schwitze. Auf seiner Stirn und seiner Nase bildeten sich selbst in der Nacht kleine Schweißperlen. Wobei die Nacht hier in Santiago de Cuba, im Süden Kubas, fast 30 Grad Celsius heiß war. Die Hitze hing unbeweglich in den Straßen, hinzu kam extreme Feuchtigkeit. Michaels Haut war seit Wochen von der Sonne gerötet – erst Südamerika, jetzt Kuba –, aber er machte sich nichts daraus. Das unversehrte Weiß, das sich bei manchen Bewegungen immer mal wieder kurz unter seinen T-Shirt-Ärmeln andeutete, verriet, dass seine Hautfarbe eher zufälliges Beiwerk war als ein Lebensziel.

Michael grinste Tim an, nahm einen Zug von seiner Zigarette und kniff die Augen zusammen wegen der Straßenlaterne, die beide von oben blendete. Michael war ein seltsamer Typ. In der gesamten Zeit, die Tim bisher mit ihm verbracht hatte, war er immer nett, immer aufgeschlossen gewesen. Stets vermittelte er das Gefühl, dass ihn wahnsinnig interessierte, was er gerade hörte, wer sein Gegenüber eigentlich war und warum. Und Tim glaubte ihm das. Es war ehrliches Interesse. Aber gleichzeitig erzählte Michael kaum etwas von sich.

Was Michael aber liebte, waren Diskussionen. Manchmal filterte er aus ganz unbewussten Äußerungen Tims eine These, mit der er sich stundenlang beschäftigen konnte. Nicht unangenehm allerdings. Michael schaffte immer den Spagat zwischen der anderen Meinung und seiner. Immer schaffte er es, dass sein Gegenüber sich nicht schlecht fühlte, bedrängt oder widerlegt. Und gleichzeitig brachte er seinen Punkt rüber. Rhetorisch gewandt war er, holte Tim immer wieder ins Boot mit kleinen Nachfragen – immer genau dann, wenn Tim kurz mit den Gedanken abzuschweifen drohte, war Michael da und gab ihm das Gefühl, dass er wichtig war.

Stundenlang hatten die beiden bereits diskutiert. Schon bei der Taxifahrt vom Flughafen in das Zentrum Havannas, wo sie zunächst in eines der Touristenhotels zogen. Stundenlang liefen sie dann durch die umwerfende Innenstadt. Tim wollte immer Altstadt sagen, aber all diese maroden, verwitterten, extrem schönen Gebäude waren kein begrenzter Stadtbezirk aus renoviertem Kulturgut, in das Banken, Versicherungen oder Reiche eingezogen waren. Sie waren echt. Realität. Jetzt. Und mitten an einem der wichtigsten Plätze der Stadt, auf dem Balkon eines wunderschönen Gebäudes, das mehr Flair versprühte als ganz Negril und Montego Bay zusammen, hängte eine alte Frau ihre bunte Wäsche auf. Sozialismus. Wohnungsverteilung. Glück gehabt.

Wo Werbung prangen würde an den Straßen, hingen große Plakate mit den Gesichtern von Ché Guevara und Fidel Castro. Und daneben: Parolen. Durchhalten, Einigkeit, für den ewigen Sieg. Tim schämte sich ein wenig dafür, wie schön er das alles fand. Keine

Werbung, kein Kapitalismus, Sicherheit (zumindest für Touristen), keine überbevölkerten Innenstädte. Jeder wohnte da, wo er zu wohnen hatte. Ganz klar: Die Menschen hier waren nicht frei. Und die Nahrungsmittelknappheit war ein weiterer Grund dafür, dass das System Kuba kurz vorm Scheitern stehen musste. Es war ein besonderer Ort, keine Frage. Einer, der auch Vorteile hatte. Aber niemand konnte von den Menschen hier erwarten, dass sie dankbar waren.

Viel zu diskutieren also. Alle Spaziergänge in Havanna, die Fahrt in das umwerfend pittoreske Trinidad, die Wege vorbei an sozialistischen Machtbauten, an Ché Guevaras Grab, nach Santiago de Cuba – nicht eine Sekunde war es langweilig. Und nie dachte Tim an sich. Er war sozusagen beschäftigt. Er hatte nicht einmal das Gefühl, dass er sich ablenkte. Er dachte einfach nicht an die Frau in Schwarz, an die dunkle Seite, an all das.

Aber es gab Momente, Tim bemerkte sie erst im Laufe der Tage, da ging es bei Michael nicht weiter. Themen, bei denen er sich derartig in einen Standpunkt hineinsteigerte, auf den er dann auch noch derart stoisch beharrte, dass es so gar nicht passte zu seinem sonst so grundentspannten Wesen. Er war sich so grenzenlos sicher in diesen Momenten und schien, so abstrus manche seiner Standpunkte auch waren, jeden auf dieser Welt auf seine Seite bringen zu wollen. Und wenn das schon nicht ging, dann ließ er sich zumindest kein Stück von seinem Weg wegbewegen.

Michael machte sich noch eine Kippe an. Er rauchte wie ein Schlot. Er rauchte ohne Filter, und er rauchte Marken, die zu Hause verboten wären. Rauchen gehörte zu ihm, war Teil von ihm. Schon nach ein paar Tagen war er kaum vorzustellen ohne Zigarette im Mund oder in der Mache, wenn er mal selbst drehte. Fast jeden Gedankengang begann er mit einer Zigarette. Aber nie trank er Alkohol. Er sei kein Alkoholiker, sagte er. Er freue sich, wenn Menschen losließen und lustig wurden. Wenn sie unvernünftig waren, irrational, sinnlos für einen Tag. Er war gern dabei, aber er selbst wolle das nicht.

Es war gerade Karneval in Santiago de Cuba. Die beiden waren schon seit Stunden durch die Straßen geschlendert, allerdings nicht so ruhig wie immer. Immer wieder waren sie eingesogen worden von den feiernden Massen, schlängelten sich hindurch, verloren sich aus den Augen, hoben ihre Arme, um ihre klebrigen Drinks in den zu weichen Plastikbechern zu retten, tauschten für Millisekunden euphorisierte Blicke mit diversen Fremden aus. Ab und zu fingen alle um sie herum ohne ersichtlichen Grund an zu schreien, mal tanzte sich jeder für sich die Seele aus dem Leib, immer wieder fielen ihnen Fremde in die Arme.

Michael und Tim versuchten ihre stocksteife mitteleuropäische Herkunft zu vergessen und schafften es manchmal sogar kurz. Flirteten aus der Entfernung mit jungen Frauen, die viel zu wenig anhatten, grüßten deren Ehemänner, die zu 100 Prozent besser gebaut waren als sie. Familienväter winkten von Balkons, Kuba-Flaggen hingen überall aus den uralten Fenstern, sie wurden von kleinen Kindern um ein Foto gebeten, alte Menschen, neue Menschen, Schweiß, Hitze, Rum, Limonen, Bier.

Die beiden saßen auf dem Bordstein am Rande eines Feierpulks. Sie blickten auf zertretene Plastikbecher auf dem Straßenpflaster, Zigarettenstummel, bunte Papierfetzen, und immer mal wieder gingen ein paar Beine vorbei. Kubanische, übersteuerte Musik dröhnte aus den Lautsprechern am Ende der Straße, und davor, immer noch ein ganzes Stück weg von den beiden tanzte und lachte ein weiterer Pulk Menschen. Arme reckten sich empor, einzelne Textzeilen wurden mitgesungen, einer mit einem Mikrofon feuerte die Menschen an.

Sie rauchten jetzt Zigarre, Tim trank Rum Cola, Michael dasselbe ohne Rum. Beiden starrten völlig durchgeschwitzt auf die Straße wie zwei Tennisspieler zwischen den Sätzen. Ab und zu wies der eine den anderen auf etwas hin, einen streunenden Hund oder irgendetwas. Aber hauptsächlich schwiegen sie und genossen die »Ruhe«. Keine Touristen, keine nervenden Leute, sie waren Teil einer riesigen Masse und spielten keine Rolle in ihr. Sie waren niemand. Alles stimmte. Nur ein paar Kilometer entfernt von Guantanamo.

»Ich habe Angst, dass ich die Kontrolle verliere«, sagte Michael irgendwann.

Dann schwieg er wieder für eine Weile.

»Irgendwann fing es an. Ich ging einfach. Ich ging einfach weg. Ich ging von Partys nach Hause, immer wenn der Alkohol wirkte. Früher ging es genau in den Momenten los für mich, plötzlich ging es genau dann zu Ende.«

Tim nickte.

Schweigen.

»Ich habe Gewaltphantasien.«

Tim drehte sich zu Michael.

»Ich habe zu Hause, in meiner Heimat Menschen zusammengeschlagen.«

Tim musterte Michael.

»In einer Bahn.«

»In einer Bahn?«

Michael schwieg lange. Sie schauten auf die Straße, hörten die Bässe, die Cola war warm.

»Es war Winter, Ende Januar, alle gingen am Stock. Seit Monaten kein Sonnenlicht mehr, die Feste waren vorbei, es war dunkel, grau, kalt. Es stank im ganzen Abteil nach aufgewärmter Kälte, nach geschmolzenem Schnee, nach dicken Klamotten, die plötzlich zu dick waren, nach Enge, nach Feuchtigkeit. Dann stieg dieser Typ ein. Er war krank. Er hustete und nieste unentwegt. So laut, dass schnell klar war, dass er sich nicht scherte, ob andere davon gestört würden. Er saß da in seinem Elend und ... kennst du diese Menschen, die Krankheiten zelebrieren? Also die Art von Leuten, die sich auch morgens mit einem lauten Seufzen strecken und gähnen, als müsse die ganze Welt mitbekommen, dass es eine Leistung ist, dass sie wach sind?«

Tim nickte.

»Er hustete und nieste. Immer wieder. So unfassbar laut und ungesund. Er hielt sich dabei nichts vors Gesicht. Menschen drehten sich um, warfen ihm Blicke zu, er hustete aber weiter eine Virendusche nach der anderen auf sie herab. Er nieste, er putzte sich die Nase, und jedes Mal, wenn das vollgesiffte Taschentuch sein von Viren triefendes Gesicht verließ, seufzte er, als hätte sich das Leid der Welt auf ihm vereint.

Dann klingelte sein Telefon. Es war wohl ein Bekannter, dem er erklärte, dass gewisse Freunde ihm gesagt hätten, er hätte lieber morgen oder übermorgen fahren sollen – er hätte ja keinen Zeitdruck. Aber er ließe sich das nicht bieten vom Leben. Er nehme sich, was er wolle. Er redete sich in Rage, bekam einen Nies- und Hustenanfall währenddessen, bog sich auf seinem Sitz, verteilte seinen Schleim im ganzen Abteil. Er redete viel zu laut über sein Leid, über Themen, die niemand interessierten, legte auf und schien noch kranker als zuvor.«

Michael schwieg.

»Und dann?«, fragte Tim.

»Es stieg eine Familie ein. Voran der Vater, mit hochrotem Kopf und den Sitzplatzreservierungen in der Hand, die er vor Monaten zum günstigsten Aktionspreis erstanden hatte. Er schritt militärisch voran und blickte mit zackigen Bewegungen abwechselnd auf die Zettel und die Sitznummern rechts und links von ihm. ‚HIER!' schrie er schließlich so laut, dass Menschen aufwachten, und drehte sich um zu seinem Gefolge. ‚HIER!' Er schaufelte mit seinen Armen, um die Richtung vorzugeben, zeigte wie ein Wahnsinniger auf die Sitze – als gäbe es einen anderen Weg zu ihnen, als könnte man sie verpassen.

‚Wir haben hier reserviert', sagte er laut und hielt die Tickets so nah an die vier dort sitzenden Personen, dass die das gar nicht lesen konnten. Der Kranke hustete derweil weiter ab und musste sich nun neben mich setzen, wo sein Zustand sich sekündlich verschlimmerte, und er komplett die Kontrolle über sich verlor, aber nicht müde wurde zu telefonieren und seinen Zustand in heroisch gebeuteltem Ton jedem zu schildern, den er erreichte. Die durch den Familienvater verscheuchten Menschen standen inzwischen eng zusammengepfercht auf dem Gang.

Irgendwann stand ich auf und touchierte den Kranken mit meinem Knie. ‚Hey!', schrie der. ‚Was fällt Ihnen ein, ich bin krank!' Ich überlegte kurz, wie ich es immer tat in solchen Situationen, in denen ich letztlich meine inneren Augen zudrückte und natürlich zu dem Schluss kam, dass der Klügere nachgibt. Jene Situationen, in denen ich mir manchmal auch sagte, dass es an mir liege. In denen ich mich fragte, wie intolerant ich geworden sei, mich über so etwas überhaupt aufzuregen. Als sei ich der einzige Mensch auf der Welt.

Ich blickte in die versiffte, entzündete Fresse dieses Wichsers, die mich anspuckte, als er sagte: ‚Kann ich jetzt weitermachen?'

Doch irgendetwas lief anders. Ich schlug sofort zu. Er sah mich an, mit seiner verschnodderten Schnauze und rang nach einer Reaktion. Aber vorher schlug ich wieder rein in diese selbstgerechte Scheißvisage. Er blutete. Aus der Nase und an der Lippe. Der Familienvater stand auf und wollte mich beruhigen. Aber ich nahm die Thermoskanne seiner Frau und goss den verfickten ungezuckerten Brennnesseltee, der sicher für diese Scheiß-Streberblagen des Nazipenners frisch aufgebrüht war, über das Scheißgesicht des kranken Wichsers. Und trat ihm in die Eier.

Rot verbrüht und nass leuchtete sein Schädel, als er schrie im Schmerz und sich aufrichten wollte. Und spätestens beim Anblick all dieses Elends, der ganzen Hässlichkeit dieser selbstgerechten, verblendeten Scheißgesellschaft hakte alles aus in mir. Ich schlug auf ihn ein. Auf das kranke Arschloch. Ich war wie im Rausch. Dieser ganze Hass in mir. Dieser unendliche, unstillbare Hass. Er wurde nicht kleiner, er wuchs mit jedem Schlag.«

Michael starrte auf die Straße.

»Es war, als wenn man an einem Mückenstich kratzt. Die kurze Erleichterung und dann das noch heftigere Jucken. Ich kratzte einfach immer weiter. Zur Not würde ich die ganze Stelle aus mir rauskratzen. Bis auf den Knochen. Der Schmerz einer offen klaffenden Wunde war mir lieber als das vernünftige Dulden des Juckreizes, der immer wiederkam. Immer, wenn ich in diese kranke Scheißwelt rausging.

Irgendwann lag der kranke Wichser nur noch benommen in seinem Sitz. Kinder schrien, Frauen kümmerten sich, ein junger Soldat schaute mich fassungslos an. Einige riefen nach dem Schaffner, einer suchte einen. Ich ging in die andere Richtung aus dem Waggon in den nächsten und schloss mich in die Toilette ein. Ich wartete, bis der Zug zum Halten kann – jemand muss die Notbremse gezogen haben –, riss die Tür auf, sprang, bevor mich jemand erkennen konnte, durch die Menschengruppe im Gang heraus aus der Bahn, lief so schnell runter von der Bahntrasse, dass ich hinfiel in den Schnee, stand wieder auf und rannte in den Wald.«

Michael spielte mit der Glut seiner Zigarre auf dem Bordstein herum. Er hatte eine dieser kleinen, aber perfekten Glutpyramiden an ihrer Spitze geschaffen.

»Die Fratze des Bösen erscheint unangemeldet«, sagte er nach Minuten des Schweigens. »Aber es geht nicht. Es geht einfach nicht. Niemand sieht sie. Nur ich. Keiner weiß es. Nur ich. Kein Erbarmen, nur Hass. Voll mit Hass und Trauer. Tristesse in der Seele.«

Sie saßen noch eine Weile. Dann erhoben sie sich. Tim wurde kurz schwindelig, weil er so schnell aufgestanden war. Sie gingen durch die immer noch wild feiernden Menschentrauben in Richtung ihres Hotels. Immer wieder wurden sie aufgesogen von kleineren Gruppen lachender Menschen. Sie stießen an, wurden wieder umarmt – es gab keinen anderen Weg. Irgendwann sah Tim Michael zwischen ein paar Einheimischen bei einem lockeren Plausch. Immer mal wieder sah er ihn kurz lachen. Und links hinter ihm stand eine mittelgroße Frau, ganz in Schwarz gekleidet und im Gesicht verschleiert. Als Einzige stand sie ganz still und schaute Tim an. Es war sie.

Tim schaute zurück und verharrte ebenfalls für ein paar Sekunden in seiner Position. Was wollte diese Gestalt? Ihn stieß jemand an, doch er verlor sie nur kurz aus den Augen. Entschlossen brachte er sich wieder in Position und sah sie an. »Was?«, dachte er? Sie schauten sich an. Dann trieben die Massen sie auseinander. Wenig später spuckte die Menge Michael und Tim an einer Hauptstraße nah ihrem Hotel wieder aus. Bei offenem Fenster schlief Tim ein, den Klang der feiernden Stadt immer noch im Ohr. Um ihn herum drehte es sich, erst recht bei geschlossenen Augen.

Der Morgen danach war wie so oft: schlimm und schön zugleich. Die Nacht war lang gewesen, der Schlaf durch die frühe Hitze kurz, und dementsprechend angeschlagen lag Tim da. Er fand das schön. Er hatte etwas geschafft. Und wenn es nur war, sich zu besaufen. Sich zu schaden. Aber immerhin hatte er heute eine Aufgabe: sich wiederherzustellen. Und jeder in dieser Stadt hatte dieselbe. Bis auf Michael, aber auch der würde schwach sein.

Jeder seiner Gedanken bewegte Tim. Er hatte sogar für ein paar Stunden das Gefühl, er könne nach seiner Regeneration irgendwie, für ein paar Tage zumindest, neu anfangen. Womit auch immer. Er dachte aber auch an Banaleres. Ihm fielen die zwei Vögel vor seinem Fenster auf. Er wollte sich erst stören lassen von ihrem unendlichen Piepsen. Aber selbst er erkannte noch zeitig genug die Schönheit dieses Geplappers. Sie piepsten sich regelrecht in Rage. War Herr Vogel gestern zu lange unterwegs gewesen? War Frau Vogel deswegen sauer oder einfach schlecht drauf?

Zu Hause wohnte Tim im ersten Stock und somit auf Höhe einer Baumgabel, in der sich zwei Vögel vor ein paar Jahren ein Nest gebaut hatten für einen Sommer. Sie schnatterten unentwegt. Vor allem wenn der andere Vogel abends nach Hause kam. Sie schnatterte und schnatterte und schnatterte, obwohl er manchmal nur mit sich selbst beschäftigt schien. Manchmal diskutierten sie, manchmal redeten sie auch einfach gar nicht in ihrer kleinen Höhle, die sie sich gebaut hatten, um sich fernzuhalten von der Umgebung, in der sie lebten. Sie zankten, lachten, kochten, bumsten, schmusten. Zwei Vögel. Zeitgenossen.

Auch der Blick aus dem Fenster auf der anderen Seite seiner Wohnung war schön. Grün waren die Pflanzen, die dort den roten Backstein bewuchsen. Man konnte in einige Fenster schauen und über die anderen Häuser weg ein ganzes Stück weit durch die Stadt. Vielleicht hätte Tim diese Wohnung etwas mehr genießen sollen. Vielleicht hatte er ein bisschen viel Angst gehabt damals. Ein bisschen viel Sorge. Wie immer. »Der Mensch sorgt sich zu sehr«, dachte er. »Das Schlimme wird eh kommen. Darum lache zumindest ein wenig, wenn das Jetzt gerade okay ist. Bis es wieder traurig wird. Es macht mehr Spaß, als zu weinen.« Sein Kopf tat weh. Er brauchte Wasser.

Michael blieb noch eine Weile in Santiago de Cuba. Tim hingegen entschloss sich, einige Tage in einer Ferienanlage zu verbringen. Er vermisste trotz all der Orte, die er sah, dieses Urlaubsgefühl, an das er sich noch erinnern konnte aus seiner Kindheit. Dieses schlichte Leben zwischen Bett, Essen, Wasser und Sonne. Das Einreihen in tausendmal ausgetretene Pfade. Das Nichtdenken, das Nichtentscheiden – es war banal und in einer Woche würde er es hassen, aber ein paar Tage würden ihm guttun.

Zahllose gut betuchte kubanische und internationale Familien tummelten sich in der Ferienanlage, die Tim nach einigen Anstrengungen selbst gebucht hatte. Das war nicht vorgesehen, tummelten sich in der Anlage doch nur Pauschaltouristen aus allen Ecken der Welt, die in Maschinen hergeflogen wurden, in Bussen hergefahren und nicht für fünf oder elf Tage blieben, sondern für sieben oder vierzehn, wie es eben alle taten. Dementsprechend konsterniert schauten die Wachmänner, als plötzlich von der Hauptstraße kein Reisebus, sondern ein einzelner Mensch mit einem uralten Koffer in der Hand zu Fuß um die Ecke bog, auf sie zukam, aus seiner hinteren Hosentasche erst einen Zollstock hervorholte, dann eine krumm zusammengefaltete Reservierung, diese mühevoll entblätterte und ihnen diesen Zettel schließlich unter die Nase hielt.

Es waren akzeptable Tage in der Anlage. Es war ruhig, es war sicher, es passierte überhaupt nichts, aber es war dadurch irgendwie auch friedlich. Tim hatte einen klimatisierten Bungalow nur für sich und genoss immer wieder die Kühle, als er von draußen reinkam. Manchmal ging er nur raus, um wieder reinzukommen. Und oftmals fiel er dann auf sein frisch gemachtes Bett und schlief einfach ein.

Ab und an setzte er sich auf den Balkon und schaute dem Treiben am Pool zu. Immer öfter ging er, als er aufgeheizt war durch die Sonne, auch die paar Schritte herunter und ließ sich in das kühle Nass gleiten. Anfangs hatte er noch Angst davor. Er wusste nicht warum, aber einfach aufzustehen, wann er wollte, und runterzugehen und … Er gestand es sich anfangs nicht zu. So einfach durfte es nicht sein. Mit den Tagen aber fiel es ihm leichter. Er fühlte sich als Teil dieser austauschbaren, anonymen Masse an Menschen.

Am vorletzten Tag entschloss er, einen Ausflug zu machen. Es hingen ein paar Optionen auf farbkopierten DIN-A4-Zetteln an der Rezeption aus, das wusste er. Jeden Morgen hatte er bisher die gut vorbereiteten Touristen in die Kleinbusse steigen sehen, die sie zu verschiedenen Orten fuhren, deren Magie sie wollten und gleichzeitig zerstörten. Rentner mit Kameras um den Hals, Kinder mit Brustbeuteln, Eltern mit Badetaschen in der Hand, Paare mit Survival-Hosen und eigenen Trinkflaschen.

An diesem Morgen ging er an ihnen und den Bussen vorbei, runter vom Parkplatz und rechts die Straße herunter. Es dauerte etwa zehn Minuten, bis er auf die Hauptstraße traf. An der Kreuzung sah er einen kleinen, aus Bambus gezimmerten, unbesetzten Stand mit ein wenig Obst und Getränken im Angebot. Er kaufte sich Wasser. Ein Reisebus fuhr zu nah an ihm vorbei und bog rechts ab. Er ging ebenfalls nach rechts.

Heiß war es. Die Grillen zirpten in den umliegenden Feldern, ab und zu fuhr ein hupendes Auto vorbei, aber das war eher die Ausnahme auf dieser fast verlassenen Straße. Nach etwa einer halben Stunde sah Tim einen Wagen am Straßenrand parken. Einen grünen Oldtimer – so würde man das Auto zumindest im Rest der Welt nennen. In Kuba war es ein reguläres Verkehrsmittel – immer wieder repariert mit irgendwo gefundenen Gegenständen. Die Beifahrertür stand offen, der Wagen aber war leer. Riesengroß sah er von innen aus, und seine Ausstattung war zwar abgewohnt, aber er würde jeden Sammler zu Hause begeistern.

Direkt neben der Beifahrertür führte ein kleiner, ausgetrampelter Weg in den Wald und nach ein paar Metern einen Abhang herunter. Es war angenehm kühl im Schatten der Bäume, das merkte Tim sofort. Er bog ein paar Äste zur Seite und entdeckte in der Ferne, lange nach dem Abhang, einen ebenfalls leicht ausgetretenen Pfad, der um eine Ecke führte und danach noch weiter abwärts.

Ein paar Mal rutschte er bei seinem Abstieg fast aus auf dem feuchten, lehmigen Untergrund. Dann ging er die paar Meter geradeaus, dann folgte der zweite Abstieg, der noch steiler war als der erste und endete bei einem kleinen Bach, über den ein Baumstamm gelegt war. Tim balancierte sich hinüber und folgte weiter dem Weg. Bis er Stimmen hörte. Sie wurden lauter, kamen ihm entgegen. Es war eine junge Familie. Papa, Mama, Sohn und zwei Töchter grüßten freundlich, gingen lachend ihres Weges. Der Junge deutete noch in die Richtung, aus der sie kamen, und sagte etwas auf Spanisch. Dann wurde ihr Reden wieder leiser.

Bald hörte Tim ein Rauschen, das immer lauter wurde. Schließlich stand er auf einer Lichtung, in deren Mitte ein kleiner See lag, der von einem rund 20 Meter hohen und fünf Meter breiten Wasserfall gespeist wurde. Mit lautem Rauschen fiel das Wasser in das ansonsten glasklare Wasserloch. Und die dabei in die Luft katapultierten, winzigen Wassertropfen kühlten Tims Haut, die gleichzeitig von der teilweise durch die Baumdecke brechenden Sonne gewärmt wurde. Immer wieder wanderten warme Felder über seinen Körper.

Er setzte sich im Schneidersitz auf einen der vorgelagerten Felsen und sah sich um. Schon als Kind war er nie derjenige gewesen, der sofort ins Wasser sprang. Ihm gefiel das kalte Gefühl nicht, der Schock, der seinen Körper trotz allen guten Zuredens durchfuhr. Was Tim allerdings niemals zugegeben hätte. Und da niemand sonst hier war, nahm er sich die Zeit. Er steckte erst nach einer halben Stunde oder so seine Füße ins Wasser, verblieb so minutenlang und ließ sich dann nur ganz langsam hinab gleiten.

Er schwamm ein wenig zur Mitte des kleinen Sees. Er schaute sich um, spürte den Boden nicht mehr, sondern die Kälte der Tiefe an seinen Füßen. Er schwamm weiter zum Wasserfall, wo er wieder stehen konnte und ließ das Wasser auf sein Haupt prasseln. Eine ganze Weile.

Auf einem Felsvorsprung entdeckte er Menschen. Ein Pärchen mit ihrem Kind. Sie winkten und widmeten sich dann wieder dem Sonnenbad. Tim fühlte sich sicher. Er ließ sich auf dem Rücken treiben. Nur seine Augen, sein Mund, seine Nase, seine Stirn und ein Zipfel seiner Badehose sowie seine Zehen ragten aus dem Wasser.

Seine Ohren waren unter der Oberfläche. So hörte er den Wasserfall nicht mehr laut und hell, sondern dumpf in das Wasserloch rauschen, während er in den Himmel blinzelte. Blätter und Sonne sah er, die dumpfen Wassermassen und ein seltsames Knacken hörte er. Nur ab und an legten kleine Wellen seine Ohren frei, und er hörte kurz das Mädchen lachen oder den Papa rufen. Dazu das Wasser und Vogelgezwitscher.

Ohne groß nachzudenken drehte er sich um und öffnete die Augen unter Wasser. Was er sonst nie tat. Er hatte nie unter Wasser sehen können. Jetzt sah er ein paar Bläschen aufsteigen aus der Tiefe. Tim merkte: Dort, wo das Tageslicht ins Wasser brach, erschien es noch klar und blau, doch die Farbe näherte sich unter ihm immer mehr dem Schwarz. Und den Grund konnte er von hier oben nicht sehen. Er holte Schwung mit den Beinen und Armen und tauchte nach unten. »Nur ein Schwung, dann wieder hoch«, dachte er. Der Druck auf den Ohren würde gleich stärker werden.

Doch der Druck blieb noch aus. Lag es an dem Wasserfall oder der Beschaffenheit dieses Gewässers? Es machte keinen Sinn. Mit jedem Meter wurde es kühler, der Druck auf seinen Ohren blieb aber aus. Ab und zu tauchte er wieder auf, um Luft zu holen, zögerte es aber immer weiter hinaus, weil er sonst nicht weiter runterkam und den Boden immer noch nicht gesehen hatte. Manchmal dachte er auf den letzten Zentimetern nach oben, er würde es nicht mehr schaffen.

Immer tiefer tauchte Tim und entdeckte schließlich im schwindenden Licht einen Fels, der aus der Tiefe hervorragte. Nach einigen Versuchen gelang es ihm tatsächlich, ihn zu greifen. Er zog sich ein ganzes Stück weiter runter und entdeckte seinen Ursprung: eine ganze Felswand und in ihr ein Loch. Etwa zwei Meter Durchmesser hatte es, so schätzte er, als es direkt vor ihm lag.

Plötzlich wurde ihm klar, dass er vergessen hatte, wieder aufzutauchen. Es war unmöglich, es jetzt noch nach oben zu schaffen. Längst hätte er normalerweise Luft holen müssen – aber er wurde nicht panisch. Ganz ruhig lag Tim im Wasser. Er öffnete langsam seinen Mund. Er atmete tief ein. Das Wasser flutete seine Lunge. Er atmete aus. Er atmete ein. Er atmete aus. Er ruderte nur leicht mit seinen Händen, um die Position zu halten.

Eine ganze Weile schwebte Tim mit von sich gestreckten Armen und Beinen vor dem Loch, während Luftbläschen und kleine Fische seine Haut kitzelten und letztere ihn begutachteten. Dann nahm er einen kraftvollen Schwung und schwamm durch das Loch. Anstatt in völlige Dunkelheit bewegte er sich in ein tiefes, aber fast strahlendes, kräftiges Blau hinein. Es zeugte von einer Reinheit und einer Tiefe, die er noch nie gesehen hatte. Es war kalt, aber die Kälte stört ihn nicht. Er ließ sich sogar Zeit.

Er schwamm vorbei an riesigen, dunkelgrünen Algenblättern, die vom Boden nach oben ragten und im Rhythmus der Strömung sanft waberten. Manchmal begleiteten ihn größere Fische für eine kurze Zeit. Aus dem Augenwinkel schaute er in ihre großen klaren Pupillen, und er hätte schwören können, dass diese Fische grinsten, aber wahrscheinlich war das einfach ihr normaler Gesichtsausdruck. Manchmal huschten große Schatten an ihm vorbei, von Tieren, die er nicht identifizieren konnte, mal waren sie so nah, dass ihm kurz warm wurde. Sie alle schwammen in seine Richtung, nah am Grunde dieses Felstunnels, der sich immer tiefer nach unten neigte. Das Blau wurde immer dunkler, aber nicht schwarz, und weit weg schimmerte, immer größer werdend, etwas Goldenes, dem Tim näher kam.

Er tauchte weiter. Minutenlang. Bis er es erkannte. Es war ein Auge, ein offenbar in Gold gegossenes, etwa ein Meter breites Auge, das langsam blinzelte und dessen Augapfel ein strahlend grüner Edelstein war. Die Pupille war schwarz. Tim tauchte immer näher heran, bis sein Kopf nur noch etwa 50 Zentimeter entfernt war vom Augapfel. Die Arme an den Körper angelegt und leicht mit den Füßen nach oben ragend, verharrte er vor dem Auge und wiegte sich nur leicht in der Strömung.

Minutenlang schaute er in das von Gold umrahmte Grün. Er spürte nichts. Keine Kälte, keinen Auftrieb, kein Gewicht, keine Gedanken, keine Geschichte, keine Zukunft. Keine Sorgen, keine Angst, keinen Druck, keinen Anfang, kein Ende. Er hakte seine Pupillen aus. Das Auge blinzelte ihn langsam an. Er glaubte, sich selbst in dem Auge zu sehen. Nur schemenhaft glaubte Tim, sich aus Bodenperspektive bewegungslos auf einer Lichtung sitzen zu sehen in einem Wald. Durch hohes Gras glaubte er, sich zu erkennen in einem Licht, das aussah wie vor einem Gewitter. Ein Fuchs trottete vorbei. Dann verschwand das Bild wieder.

Erst eine ganze Zeit später löste sich Tims Blick wieder. Er verharrte einfach in seiner Position und glitt Zentimeter für Zentimeter senkrecht nach oben. Nichts musste er tun, nicht lenken. Nur kurz schaute er einmal hoch, und sah, dass genügend Platz war. Dann schaute er wieder nach unten und sah, wie das Auge immer kleiner wurde. Er sah es noch blinzeln. Irgendwann verschwand es in der Tiefe.

Kurz danach wurde es wärmer. Zuerst wärmte das Sonnenlicht seine Füße, dann den ganzen Körper. Das ihn umgebende Blau wurde heller, Tim löste sich aus seiner Position, schwamm noch einmal mit großen Zügen nach unten und durch den kleinen See, sah die Wucht des Wasserfalls von unten und dann die verschwommenen Bäume und den Himmel durch die Wasseroberfläche auf sich zukommen. Dann tauchte er auf.

Still war es. Nur ein paar Vögel und der Wasserfall waren zu hören. Die Familie war gegangen, die Sonne strahlte nur noch von der Seite in den Wald. Er schwamm zum Ufer, setzte sich auf den warmen Stein und ließ sich trocknen. Das Wasser perlte auf seiner Haut. Ein Kolibri umkreiste ihn. Sein dumpfes, schnelles Flattern hörte Tim ein paar Sekunden in seinem linken Ohr, dann in seinem rechten, dann über sich, dann nicht mehr. Er spürte, dass er sehr schwach war.

Nach einem langen und durch den Einbruch der Dunkelheit erschwerten Rückmarsch erreichte Tim die Hotelanlage. Er aß für zwei, wankte in seinen Bungalow, fiel aufs Bett und sollte so tief schlafen wie seit Jahren nicht mehr. Noch während seiner gesamten Rückreise nach Havanna schwebte er wie auf Wolken. Ganz leicht, immer leicht über null bestritt er die nächsten Tage seines Lebens.

USA

Das komplizierteste Reiseziel nach Kuba waren die Vereinigten Staaten, weshalb Tim erst nach einer Ochsentour inklusive dreimaligen Umsteigens in Los Angeles ankam. Nur um dort in einen Raum ohne Fenster verfrachtet zu werden, in dem er stundenlang warten musste, bis ihm ein ebenso rigoroser wie schlecht ausgebildeter Beamter Fragen stellte, als habe er einen Terroristen vor sich. Das Einzige, was es in dem Zollbunker neben anderen gepeinigten Reisenden und ein paar Robotern in Uniformen gab, war ein Cola-Automat.

Tim blieb ein paar Tage in Los Angeles, bevor er die Stadt in Richtung Osten und damit in Richtung Wüste verließ. Als er die Stadtgrenze nach über einer Stunde auf dem Highway passierte, fühlte er sich gut und betäubt zugleich. Die durch die Scheiben seines Mietwagens scheinende Sonne wärmte ihn und machte ihn leicht müde, aber er wusste, dass er wach bleiben würde. Zu weit waren seine Augen geöffnet, zu weit konnte er bereits schauen, als die Bebauung endlich lichter wurde, die ersten Bergketten zu sehen waren und die teils fünfspurige Straße endlich ein wenig leerer wurde.

Als Tim wenig später dann – nach einer Anhöhe – geradeaus in ein riesiges Tal hinunterfuhr und als in vielen Kilometern Entfernung ebendie Straße, auf der er sich gerade befand, wieder auftauchte, um sich dann dünn durch diese endlose Weite zu schlängeln bis zum Horizont, wurde ihm schlagartig klar: Vor ihm lag eines der größten Länder dieser Erde. Er hatte die USA immer unter Macht abgespeichert, unter Fortschritt und Rückschritt und Showbusiness. Diese Weite hingegen war ihm zwar theoretisch immer bekannt gewesen, jetzt jedoch übermannte sie ihn. Und so sehr er sich auch mühte: Er schaffte es nicht, sie zu greifen. Diesen Platz. Plus die noch viel größeren und unzählbaren Landschaften, die hinter dem Horizont warteten – sie passten nicht in seinen Kopf.

Im Akkord drückte er den Sendersuchlauf seines Radios, während er fuhr, um den Song zu finden, der zusammenfasste, was er fühlte. Er fand ihn nicht. Die stereotypen Country-Sender waren nur kurz passend, die mit lauten Jingles überladenden Rocksender wiederholten sich bereits nach einer Stunde. Die schwachen RnB-Stationen, der religiöse Schwachsinn, die Typen, die nur redeten – alles entweder gleichgeschaltete, missionarische oder an der Masse orientierte Kompromissscheiße. Ab und zu ein kleiner Lichtblick, aber alles in allem ein Desaster. Das Gegenteil von Musik. Es war wie zu Hause.

Etwa eineinhalb Stunden später verließ Tim den Highway und stoppte an einer Tankstelle. Nachdem er mehrmals bei der Kreditkartenzahlung an der Zapfsäule gescheitert war, ging er in den Laden, gab das Plastik vorne ab und ließ sich kurz einsaugen von der US-Konsumwelt. Drei Regale waren es nur, aber die dort in schillernden Farben aufgereihten Konsumgüter aus Fett, Zucker und Kohlenhydraten reichten völlig aus, um sämtliche seiner Sucht- und Geschmacksnerven in einen Ausnahmezustand zu versetzen.

»In die Wüste willst du?«, fragte der Typ hinter dem Schalter zurück, während Tim die Einkäufe aus seinen überladenen Armen auf den Tisch purzeln ließ und nickte. »Bist du Mechaniker?« Tim schüttelte den Kopf. »Wegen des Zollstocks in deiner Hose.« Tim lachte. »Es ist schön da um diese Jahreszeit. Nicht so viele Menschen. Es ist auch nicht ganz so heiß. Aber nachts ist es kalt. Unterschätze das nicht!«, sagte der Typ, als er Tim die Waren schließlich in Papiertüten verpackt über den Tresen schob. »In der Wüste ...«, überlegte der Mann hinter der Kasse laut. »In der Einsamkeit bist du Gott näher.« Tim packte die Sachen, stieg ins Auto, machte das Radio wieder an, fand wieder keine gute Musik und fuhr weiter.

Tim liebte Amerika. Sicherlich auch die Städte. Die hatte er schon öfter besucht. Die Städte hatten ihren Reiz. Sie pulsierten, waren bei allem Stillstand dieses teils so konservativen Landes faszinierend weit vorne mit ihren Ideen eines guten Lebens. Aber das wirklich Unfassbare an Amerika für ihn war spätestens jetzt die Natur, mit der die Leute hier beschenkt waren und die sie so schlecht behandelten. Einzig mit Wegwerfgeschirr ausgestattete Frühstückssäle in unendlich vielen Kettenhotels, viel zu billiges Benzin, selten mehr als eine Person pro Auto und auf der anderen Seite diese nicht zu begreifenden, riesigen Flächen, in denen nichts war außer wilder, teils karger, aber eben wilder Natur.

Tim liebte auch die mit Amerika einhergehende Trostlosigkeit, die Tristesse einiger Orte, die er passierte. Ihre verlorene Lage im Nichts. Manche waren so weit weg von allem und jedermanns Interesse, dass man fast so gut wie sicher sein konnte, dass sich hier bis zum eigenen Lebensende nichts mehr ändern würde, ja vielleicht niemals ein Mensch vorbeikäme. Mit steigendem Alter, und Tim war noch nicht sehr alt, wurde ihm dieser Gedanke immer sympathischer.

Stundenlang geradeaus war er inzwischen gefahren. Manchmal hatte er sich dabei erwischt, wie er minutenlang nicht ans Fahren dachte und es trotzdem tat. Durch den Tag, den Abend, die Nacht. Über fast immer gute Straßen, bei denen er sich manchmal fragte, wer die gebaut hatte. Denn hier war nichts. Außerhalb der Lichtkegel seiner Scheinwerfer, außerhalb der gelben Mittelstreifen, die in diesem grauen, runden Leuchtfeld vor ihm in unendlicher Zahl vorbeirauschten und unter dem Wagen verschwanden, herrschte Dunkelheit.

Manchmal meinte Tim, die Silhouette einer fernen Bergkette in der Ferne zu erkennen. Sie war noch dunkler als der dunkle Himmel darüber. Aber eine unnatürliche Lichtquelle hatte er schon seit rund einer Stunde nicht mehr gesehen. Das Radio hatte er ausgeschaltet. Er hörte nur noch das Surren des Motors, das leise Brummen der Reifen auf der Straße und das sanfte Ruckeln, das vereinzelte Unebenheiten bei diesen Geschwindigkeiten eben auslösen.

Irgendwann nahm er den Fuß vom Gas. Schon lange war ihm niemand mehr entgegengekommen, und hinter ihm war auch nichts zu sehen außer Schwarz. Immer langsamer rollte der Wagen. Als der Tacho fast auf null stand, bremste Tim sanft noch weiter herunter. Er stand. Er machte den Motor aus und das Licht. Er hörte nichts. Erst jetzt merkte er, wie leise es hier eigentlich war. Durch welche Stille er seit Stunden mit seiner Maschine durchgejagt war. Und diese Stille störte. Er schaute sich um. Immer mehr gewöhnten sich seine Augen an die Dunkelheit. Er sah schemenhaft ein paar Sträucher neben sich, die sich kaum bewegten. Ansonsten nichts.

War hier zuvor jemals jemand stehen geblieben? Hatte jemals jemand diesen Strauch angeschaut? War das da draußen eine Kulisse, die noch nie zuvor jemand von dieser Position, aus diesem Winkel angeschaut hatte? Also bis auf die Menschen, die diese Straße gebaut hatten, natürlich. Aber sonst? Diese ewige, trockene Weite, bedeckt von ein paar Büschen? Unspektakulär lag sie da. Nichts stach heraus.

Tim öffnete die Tür. Es war kalt geworden, wie der Mann an der Tankstelle gesagt hatte. Er stieg aus, schloss die Tür mit diesem satten Ton, der designt wurde von Autoherstellern in einem Soundlabor, das gefüttert wurde mit Geräuschen, die weltreisende Soundsammler gesammelt hatten, um daraus das zu mischen, was Menschen eben mit einer Autotür verbinden, die gerade zuschlägt. Als sie ins Schloss fiel, endete endlich auch dieses nervige Erinnerungsgeräusch für steckengelassene Schlüssel.

Tim stand auf dem Teer. Der Mondschein wurde vom Lack seines Autos reflektiert. Er ging ein paar Schritte, um von nichts abgelenkt zu werden. Zunächst durchfuhr ihn sein Alarmsystem. Was, wenn jetzt ein Auto um die Ecke biegen würde? Er stand schließlich auf einer Bundesstraße. Aber es gab keine Ecke. Was wenn jemand ...? Es gab niemanden. Er würde jeden Scheinwerfer kilometerweit kommen sehen. Er würde alles früh genug hören in dieser absoluten Stille. Nur wenn ihm der leichte Wind ins Ohr blies, rauschte es ein wenig. Aber vielleicht war das ja der Klang von nichts, dachte er.

Er schloss kurz die Augen. Dunkler wurde es kaum. Würde er jetzt so laut schreien, wie er könnte, niemand würde ihn hören. Würde er explodieren und in einem grellen, leicht grünlichen Lichtkegel in den Himmel schießen und verschwinden und an der Atmosphäre zerplatzen und wieder herunterfallen und irgendwo aufschlagen, niemand würde es mitbekommen. Tage später würde vielleicht eines der wenigen Autos, die hier vorbeikamen, anhalten, und die Fahrerin aussteigen, ihr Baby auf der Rückbank kurz zurücklassen und sich wundern über den verlassenen Mietwagen. Aber selbst das war alles andere als sicher.

Tim war allein. Wenn er jetzt einen Kilometer geradeaus ins Feld ginge, würde es niemanden stören. Egal, was er denken würde, es wäre nicht zu groß für diesen Raum. Es wäre immer noch Platz für weitere Ideen, für alles, was er nicht bedenken würde, für jeden. Er schaute nach oben in den Sternenhimmel. Es schien ihm unglaublich, dass dies derselbe Himmel war, den er vor ein paar Stunden gesehen hatte in der Stadt, die hinter der einen Bergkette immer noch ein bisschen gelb zu schimmern schien. Aber sonst machte diese Dunkelheit das Firmament wieder einmal in all seiner Pracht sichtbar.

Er schaute auf den anderen Berg rechts vor ihm – am Ende der Steppe. Er fixierte einen Punkt kurz davor. Kurz hinter dem Punkt erhob sich das Massiv aus der Erde. Es war kein besonderer Punkt. Nicht einmal ein besonders hoher Busch stand da, aber Tim fragte sich, wie es da war. An diesem Punkt. Ob er es zu Fuß dorthin schaffen würde. Ob es da schön war. Oder windig und kalt. Was er machen würde, wenn er da war.

Er setzte sich. Im Schneidersitz auf die Straße. Immer wieder ließ er seinen Kopf mit geschlossenen Augen in seinen Schoß sinken. Fast leblos hing er herunter. Tim versuchte, die Stille durch sich durchfließen zu lassen. Er versuchte, den Frieden, den er hier erahnte, in sich aufzunehmen. Ihn so weit zu verinnerlichen, dass er nicht mehr von ihm ging. Er hatte so etwas früher oft versucht. Bis er etwa Mitte 20 war, war er der festen Überzeugung, dass er sich in bestimmten Situationen nur lange genug konzentrieren müsste – dann würden die besten Momente seines Lebens einfach bleiben.

    Wie oft hatte er dann die Augen zusammengekniffen, bis es weh tat, und mit jeder seiner Zellen und Sinne versucht, diesen einen seltenen Moment, in dem alles stimmte, aufzusaugen und abzuspeichern. Er war sich wirklich sicher gewesen, dass das funktionierte. Heute wusste er, dass das nicht funktionierte. Und trotzdem versuchte es gerade wieder. Alles in ihm zitterte. Alles öffnete sich. Alle Zellen waren geöffnet. Alles floss rein. Keine Schutzmechanismen. Im Schneidersitz mitten auf einer Bundesstraße im US-Bundesstaat Kalifornien.

    Er könnte bleiben bis zum Morgengrauen. Bis der erste Strahl der Wüstensonne hinter dem Horizont auftauchen und ihn brutal im Gesicht treffen würde, bestenfalls im zurückgeklappten Autositz. Er könnte dann in die nächste Siedlung fahren, Ausschau halten nach Schildern oder sich durchfragen zu denen, die hier das Land verpachteten. Er könnte es für wenig Geld kaufen, sich hier ein Haus bauen, irgendwo einen Zaun aufstellen oder auch nicht, weil es hier eh keinen Zaun braucht. Er könnte ein Buch schreiben, jeden Abend auf seiner Terrasse sitzen und diese Stille spüren, diese Weite.

    Niemals würde er ihrer müde werden. Niemals würde er sich sattgesehen haben an den fernen Bergketten, dem Platz davor. Vielleicht würde er eine Frau finden, ein paar Kinder großziehen – die meisten Sachen ergeben sich doch im Leben. Ab und zu mit dem Wagen in die nächstgelegene Kneipe fahren, die Stunde im Auto ginge schnell herum, ein paar Freunde treffen, ein bisschen Musik machen und ansonsten ein gutes, genügsames Leben führen. Bis er sterben würde.

Er blieb auf der Straße sitzen, solange sich die Kälte noch nicht ganz zu seinen Nieren durchgefressen hatte. Als er wieder einstieg, verharrte er noch eine Weile. Er stieg mehrmals wieder aus, um vielleicht doch alles zu begreifen, und dann wieder ein. Irgendwann machte er den Motor an und fuhr noch etwa eine Stunde weiter zum nächsten Motel.

Fast alle Zimmer waren noch frei. Tim ließ sich aufs Bett fallen. Es war eines von zwei Betten in einem standardisierten Hotelzimmer. In dem Zimmer standen standardisierte Matratzen auf standardisierten Bettgestellen, bedeckt von standardisierten bunten, möglichst viel Dreck verbergenden Überdecken. Die Betten standen auf einem standardisierten bunten, möglichst viel Dreck verbergenden Teppich.

Das Auto stand direkt vor der Tür. Das zweite Bett stand leer neben Tim. Das seelenlose Schrankteil samt anmontiertem Spiegel stand vor ihm. Der willenlose kleine, runde Tisch samt zwei Stühlen und einer Plastikblume drauf stand am Fenster zum Parkplatz. Darunter ragte plump die verstaubte Klimaanlage aus der Wand. Die beigefarbene Duschkabine, die aus einem riesigen gegossenen Stück Plastik bestand, wartete im Bad. All das reichte Tim. Es erdrückte ihn nicht. Es gab ihm Frieden.

Er schaltete den Fernseher ein. 200 Kanäle Scheiße. Er schalte im Sekundenrhythmus um und blieb schließlich hängen bei einer Kochsendung mit einer fetten Frau aus den Südstaaten. Er stand auf, ging zum Spiegel der standardisierten Badzeile. Er lehnte sich auf die ebenfalls beigefarbene Kunststoffplatte, die das Waschbecken umschloss, und schaute sich an. Erst in die Augen, die fürchterlich aussahen. Das billige Neonlicht potenzierte jedes kleine bisschen Rot in seinem Gesicht sowie die blauschwarz schimmernden Poren in seinen Augenringen. Seine Haare wurden zudem lichter.

Tim stellte sich gerade hin, zog sein T-Shirt aus und spannte seine wenigen, von den ganzen Flügen verkümmerten Muskeln an. Er stellte sich seitlich zum Spiegel. Er atmete ein und stand gerade, er atmete aus und stand krumm. Es gab schlechter gebaute Menschen in seinem Alter. Es gab besser gebaute Menschen in seinem Alter. Es kam offenbar auf die Haltung an. Die hatte er oft nicht, war ihm zumindest schon immer gesagt worden. »Geh doch mal gerade!« Er trank ein Schluck des chlorhaltigen Wassers aus dem Hahn, spuckte es wieder aus. Er legte sich wieder hin und sah sich diese Kochsendung an, bis er im Flimmern des Fernsehbildes einschlief.

Das Erwachen war brutal. Durch die beiden nicht ganz zusammengezogenen Vorhänge schrie ihm die Wüstensonne schon gegen kurz vor 6 Uhr morgens mitten ins Gesicht. Er zog die Dinger zusammen, was aber am Rand Raum für das Licht gab. Er wälzte sich noch eine Weile herum in der aufkommenden Hitze. Er machte die Klimaanlage an, die aber so brüllend laut trockene Luft in den Raum schoss, dass es noch schlimmer wurde. Die Fenster gingen nicht auf. Es roch chemisch und schal zugleich.

Er schleppte sich in die Dusche, die einen Strahl hatte wie ein Hochdruckreiniger. Das Stück Hotelseife trocknete seine Haut auf einen Schlag komplett aus. Seine Hände stoppten stumpf ab, als sie über seinen Körper gleiten wollten. Dennoch fühlte er sich ein wenig besser danach. Immerhin konnten seine Haare nicht schuppen, während sie noch nass waren. Er schnappte seine Sachen, ging aus der Tür, versuchte noch etwas vom indiskutablen Intercontinental Breakfast zu essen, das im Preis enthalten war, warf aber schließlich seinen Koffer auf den Rücksitz und fuhr los. Nie würde er diesen Ort wiedersehen.

Eine ganze Weile fuhr er, ohne das Radio anzustellen. Die Sonne stand noch tief, und es war so hell, dass er eigentlich eine Sonnenbrille brauchte, aber er hatte keine. Ehrlich gesagt hatte er seinen Lebtag noch nie viel auf Sonnenbrillen gegeben. Er wusste nicht genau warum. Einerseits war er zu geizig und zu faul und hatte es immer verpennt, sich eine zu besorgen. Andererseits war es gar nicht so einfach, mit Sehfehler eine Sonnenbrille zu finden. Und wieder andererseits hatte er schon zu viele Menschen erlebt, die eine Sonnenbrille trugen, obwohl sie keine brauchten.

Ihn hatte die Aura eines Menschen mit Sonnenbrille schon immer gleichermaßen angeekelt und fasziniert. Die Israelis in Argentinien waren nicht die ersten gewesen. Dieses generell Unnahbare, diese viel zu große Macht, die man sich teilweise für nur ein paar Euro an jeder Straßenecke erkaufen konnte, widerte ihn an. Jene Macht, die niemanden wissen ließ, wo man gerade hinschaute. Tim fand das anmaßend, frivol, selbstgerecht, arrogant, er fand es asozial. Er hasste Menschen, die sich mit diesem billigen Trick zu etwas Besserem machten und so schlicht gestrickt waren, dass sie sich dadurch auch noch als etwas Besseres fühlten. Wegen dieser Einstellung brannte ihm das Licht gerade fast die Netzhaut aus der Augenhöhle.

Nach einer Weile fuhr Tim durch eine kleine Siedlung. Er musste inzwischen irgendwo in Arizona sein. Vielleicht hatte er das Schild mit der Landesgrenze, an dem so viele Touristen Fotos machten, um zu zeigen, wo sie schon überall gewesen waren, bereits in der letzten

Nacht passiert. Die Häuser hier waren jedenfalls aus rotem Stein, der fast aussah wie Lehm. Er dachte an die Sahelzone, an Wüstenstaaten, wo eine ähnliche Bauweise aus der Not geboren worden war, aber vor allem die Hitze abhalten sollte. Es sah hier aus wie dort. Obwohl die Bewohner wenig gemeinsam hatten.

Tim wurde langsamer, als er sich einem Schild am linken Straßenrand näherte, das er noch nicht lesen konnte. Rechts am Straßenrand parkten auffallend viele Autos. Auf dem Schild stand ein »P«. Er folgte ihm und bog auf ein Parkareal. Im Schritttempo passierte er eine kleinere Menschenmenge, die mit dem Rücken zu ihm stand. Durch sie hindurch konnte er sich rhythmisch bewegende Körper erkennen. Es waren traditionell gekleidete Menschen bei einer Art Tanz, der begleitet wurde von reduzierter, zweidimensionaler Musik.

Er parkte, stieg aus und ging zur Menschenmenge. Fast regungslos standen die Zuschauer da und sahen fünf Tänzerinnen und Tänzern zu, wie sie sich synchron bewegten zu Getrommel. Irgendwann löste sich eine ältere Frau aus der Masse der Zuschauer, ging auf eine der jüngeren Tänzerinnen zu und nahm sie in den Arm. Die junge war nur kurz überrascht und ließ sich schnell fallen. Lange standen die beiden da. Arm in Arm. Die Gesichter ineinander vergraben. Die junge Frau weinte bitterlich, die alte flüsterte ihr etwas ins Ohr und streichelte sie am Hinterkopf. Dann lösten sie sich. Die alte ging zurück in die Menge, die junge tanzte weiter. Der Tanz dauerte noch ein paar Minuten. Als es vorbei war, gab es kurz Applaus, dann löste sich die Menge auf.

»Wer sind Sie«, fragte eine gebrochene weibliche Stimme von der Seite. Tim drehte sich zu ihr um. Es war eine alte, freundlich, aber etwas skeptisch dreinschauende Frau. »Ich ...«, er überlegte. »Ich bin zufällig hier. Vorbeigekommen. Störe ich?« – »Nein, nein, es ist nur so, dass man hier selten Fremde sieht.« Tim nickte.

»Sind Sie Tourist? Woher kommen Sie? Oder suchen Sie etwas?«

»Tourist, ja, ich bin ... Tourist.«

»Reisen Sie allein?«

»Ja.«

»Was bringt Sie hierher nach Arizona?«

»Ich bin einfach gefahren.«

Um die beiden herum hatte sich währenddessen ein buntes Treiben entwickelt. An provisorischen Tischen wurde Essen angeboten, einige Prospekte lagen aus, Kinder spielten, Menschen unterhielten sich angeregt in kleinen Gruppen oder zu zweit, nur die alte Frau schaute immer noch interessiert an Tim hoch.

»Wie heißen Sie?«

»Tim. Tim Ross.«

»Ich bin Nadja.«

»Hallo Nadja.«

»Wo ist Ihr Zuhause?«

»Das ... kann ich gar nicht so genau sagen.«

Sie runzelte die Stirn.

»Na, wo wartet man auf Sie? Wo vermisst man Sie? Was vermissen Sie?«

Er überlegte lange.

»Nun, es muss doch einen Ort geben, einen Menschen, eine Familie, die ... Von wem haben Sie sich verabschiedet, bevor sie auf Reisen gegangen sind?«

Tim schwieg.

»Wissen Sie, es ist inzwischen so, dass ich überhaupt keine Abschiede mehr ertrage«, sagte er schließlich. »Es ist ganz schlimm.

Wenn ich einmal irgendwo hinmuss, nur eine Nacht woanders schlafe, dann erlebe ich das wie einen Abschied für immer. Ich sehe sie an, ich höre sie atmen, wie sie ist. Ich realisiere, was ich eigentlich brauche zum Leben und erst dann merke ich, in dem Moment, in dem ich gehe: Es ist hier. Ich versuche es nachzuholen, es zu verinnerlichen, es zu versiegeln in mir. Ich versuche die letzten Minuten zu strecken, mich selbst zu belügen, ich halte sie fest, als stünde ein Krieg vor uns. Ein Weltkrieg, in den ich ziehen muss und den ich vielleicht nicht überlebe. Und sie bleibt allein zurück.«

Er schwieg. Die Frau schaute ihn regungslos, aber aufmerksam an.

»Dann versuche ich mir einzureden, dass mich Abschiede erst erkennen lassen, was ich habe. Aber das Ritual eines Abschieds quält mich inzwischen so sehr, dass mich auch diese Erkenntnis nicht dafür entschädigen kann. Das Packen, das Anziehen, das Checken, ob auch nichts vergessen wurde, das Nichtzurückkönnen. Und die Vorstellung, was alles vor mir liegt. Wie viele Hürden jetzt kommen. Haustür, Bus, dort sitzen zwischen all denen, die bleiben dürfen, die hier wohnen, hier sind, die einen Alltag haben, die ihre Heimat gefunden haben und zufrieden sind. Die nicht irgendwo hinmüssen, deren Leben nicht zerrissen ist. Der Bahnhof, das Ticket, das Hetzen, das Warten, die Kälte, der Schmutz, der Lärm, das Einsteigen, das Suchen, das – hoffentlich – Finden, das Setzen, das Sitzen. Vier Stunden! Dann raus, dann wieder suchen, laufen, einchecken, ein steriles Zimmer, schnell ins Netz und irgendwas machen, was ich schon kenne – nur ohne sie.

All das liegt bei einem drohenden Abschied vor mir wie ein unüberwindbarer Berg. Ich könnte einfach sitzen bei ihr bleiben. Auf diesem Sofa, an dieser frischen Luft, die durchs Fenster kommt, unter dieser Sonne, die draußen auf dem Balkon wartet. Ich könnte glücklich sein. In meiner kleinen, aber guten Welt. Gern mal ab und zu weg für ein paar Tage. Aber ich glaube fest daran, dass du mindestens für die Zeit, die du etwas tust, etwas erlebst, mindestens dieselbe Zeit nichts tun musst danach. Um das Getane zu reflektieren. Um zu sein. Sonst ist es weg, rauscht vorbei wie ein Zug an den schönsten Landschaften.«

»Aber warum sind Sie dann hier? So weit weg von allem, was Sie vermissen?«

»Ich muss das tun.«

Sie runzelte wieder die Stirn.

»Vielleicht ist manchmal das, was man will, nicht das, was man muss.«

Die Frau überlegte. »Ich verstehe nicht alles, was sie sagen. Aber ich fühle es. Abschiede sind keine Freude. Auch wenn ich scheinbar noch nicht so viele erlebt habe wie Sie.«

Tim nickte und scharrte mit seinen Füßen im roten Staub herum, der sich langsam aufheizte in der Morgensonne.

»Vielleicht ist das das Kreuz derer, die zu oft gingen. Die zu oft oder immer getrennt wurden von ihren Lieben oder ihren Wurzeln und nie alles an einem Ort haben. Wenn man es einmal erleben musste, dass alles Schöne endet, dass alles Gute geht – und das ist ja so –, dann vergisst man es nicht. Das geht nie wieder ganz weg. Vielleicht kurz, wenn man nach Hause kommt. Wenn man die Treppe hochgeht zur Haustür. Wenn man ganz sicher weiß, dass es nur noch eine Frage von Sekunden ist, dass die tagelange Einsamkeit und Entbehrung und Überbrückung endlich ein Ende hat.

Aber egal wie erfüllend, wie liebevoll diese Zeit dann wird, sie wird enden. Es wird der Tag kommen, und zwar bald, an dem alles wieder endet. Wenn all das Schöne, die kleine Welt, die wir uns bastelten, das Geschirr, das sich türmt, das benutzte Bett, der Müll, den wir gemeinsam anhäuften, all die Gedankenschlösser, die wir bauten ... All das wird zerrissen von der Zeit. Den Umständen. Das ist ein Schmerz, den nur die verstehen, die ihn erlebt haben. Wenn man fast schon automatisch auf Selbsterhaltung umstellt, während sie am Horizont verschwindet. Wenn man theoretisch weiß, dass man nicht davon sterben wird und dieses Wissen das Einzige ist, an das man sich klammert. Aber es geht so tief, es bohrt den Stachel durch alles – die Haut, die Rippen, die Felle bis ins Herz. Und die Narbe bleibt für immer. Ein perforiertes Herz. Ich habe Abschiede gelernt. Aber sie werden immer wehtun.«

»Vielleicht solltest du doch, selbst wenn du sagst, dass du hier sein musst, zurückgehen. Dorthin, wo deine Lieben sind, wo du hingehörst.«

»Was ist, wenn sie gar nicht da sind?«

Stille.

»Das weiß ich nicht. Das kann ich dir nicht sagen.«

Sie schaute sich um.

»Alle meine Lieben sind hier.«

»Und noch schlimmer: Was ist, wenn das, wonach ich mich sehne, wenn das eine Illusion ist? Eine Utopie?«

Sie dachte nach.

»Du musst dich wohl oder übel entscheiden.«

Tim scharrte im Sand.

»Das tue ich jeden Tag. Und weißt du was: Auch das will ich nicht mehr. Ich will mich nicht mehr entscheiden. Zwischen Menschen, zwischen Orten, zwischen Sachen – ich bin müde. Ich will nicht bis an mein Lebensende diese Kämpfe in mir haben, diese Kriege. Bleibt das so? Werde ich niemals Frieden finden?«

»Ich glaube, auch das musst du selbst entscheiden.«

Sie legte ihre Hand auf seine Schulter. Dann ging sie.

Tim blieb noch ein paar Minuten, schaute sich die Stände an, aber obwohl ihn manches durchaus interessiert hätte, probierte er nichts. Er schaute sich nichts näher an. Er hätte das anmaßend gefunden. Er stieg in sein Auto und fuhr los.

Er fuhr noch einige Tage. Von Ort zu Ort in Richtung einer weiteren großen Stadt. Er schlief in billigen Motels, aß gebratenes Fleisch und frittierte Kartoffeln, trank Zucker. Und er war nicht allein. Eines Morgens sah er in seinem Hotelzimmer an dem seelenlosen Tisch mit der Plastikblume drauf, auf dem Stuhl vor der Klimaanlage die schwarze Frau sitzen. Sie saß einfach da. Und saß da auch an den folgenden Morgen. Am selben Tisch, auf demselben Stuhl, in verschiedenen Hotels, an verschiedenen Orten. Sie machte ihm keine Angst. Er fühlte sich ein wenig unwohl, dass sie jetzt so regelmäßig da war. Aber er akzeptierte sie.

Wann und warum sie auftauchte und wann sie wieder verschwand, verstand er nicht. Es lag offenbar nicht in seiner Gewalt. Sie saß einfach immer öfter da. Manchmal, wenn er aufstand und ging, ging sie mit. Manchmal bleib sie im Zimmer und wartete auf ihn. Manchmal saß sie auf dem Beifahrersitz, manchmal ihm gegenüber im Restaurant. Und obwohl sie ihm nichts tat, war sie immer dabei. Die Tage waren etwas schöner, wenn sie nicht da war. Andererseits war sie sein einziger Begleiter.

GRÖNLAND

Tim schaute an sich herunter. Seine Füße waren nass. In den insgesamt vielleicht 90 Nettosekunden, in denen er vom Flugzeug durch den tiefen Schnee in den winzigen Flughafen von Kangerlussuaq hinein und Stunden später wieder herausgegangen war – übers Rollfeld, zum Flieger, der ihn von dort in Grönlands Hauptstadt Nuuk brachte – und bei den paar Schritten hin zum Taxi, das ihn nun in die Innenstadt Nuuks brachte, hatte sich bereits mehr weißes Pulver an seine Hose und Schuhe geheftet als jemals zu Hause. Nun, in der Wärme des Autos, fraß es sich langsam und feucht in den Stoff.

Draußen war es eiskalt. Die Sonne ging schon wieder unter, obwohl es gerade mal 15 Uhr war, und im Wagen roch es nach Autolüftung, künstlicher Wärme, nie verschwindender Feuchtigkeit und kaltem Rauch. Wo Tim herkomme, wollte der Fahrer wissen. Tim spulte ab wie immer. Der Mann mit dem Bart und der etwas dunkleren Haut am Steuer hörte interessiert zu und erklärte anschließend, dass nur wenige Touristen nach Grönland kämen. Kälte, Dunkelheit, Einsamkeit sowie die weite, komplizierte und teure Anreise – warum sollte man auch. Tim antwortete nicht.

Schwarz und weiß. Schwarzer Felsen und weißer Schnee bestimmten das Bild, das sich Tim bot. Alles getaucht in das Blau der scheinbar ewigen Dämmerung. Weder wirklich hell noch wirklich dunkel war es inzwischen seit rund eineinhalb Stunden. Und so schimmerten sowohl die alles dominierenden monströsen Bergketten in der Ferne als auch die Felswand direkt neben Tim permanent etwas unwirklich. Vor allem an den Stellen, an denen sie vom Schnee bedeckt waren. Samtig weiß wirkte die unberührte Schneedecke. Matt, uneben und schroff sah hingegen der schwarze Stein aus. Als könnte sich ein Riese daran die Haut aufreißen.

Die abseits der Bergketten karge Landschaft war, je länger die Fahrt dauerte, erst mit vereinzelten, dann immer mehr und schließlich mit kleinen Siedlungen von bunten Häusern gesprenkelt. Rot, gelb, blau und oft im Stile skandinavischer Hütten gebaut, brachten sie zumindest punktuell etwas Leben in die majestätische Tristesse. Ja, majestätisch. Denn bei aller Leere strahlte dieses Land eine gewaltige Ruhe und Grazie aus, in die sich die Bauwerke der Menschen mischten wie dezente, pointierte Farbtupfer.

Tim lehnte mit der Stirn an der von außen eiskalte Scheibe des Autos. Die Straße, über die sie gerade rollten, schien ihm spiegelglatt. Festgefahrener Schnee plus Eis. Es ging bergab, die Strecke war kurvig, rechts der Fels, links ein Abhang, Straßenbegrenzungen gab es keine. Der Fahrer schaute in den Rückspiegel und begann zu lachen. »Keine Sorge! Wir fahren zehn Monate im Jahr bei solchen Verhältnissen. Ich weiß genau ...« Die Reifen verloren erst nur kurz den Griff, aber weil es bergab ging doch noch länger. Seitlich glitt der Wagen über die Fahrbahn in Richtung Abgrund. Der Fahrer lenkte hin und her – nichts. Der Wagen begann sich zu drehen, die bunten Häuser bewegten sich immer schneller vorbei an Tims Sichtfeld. Wo war der Abhang? Wo die Felswand? Fels, Landschaft, bunt, Straße, Fels, Landschaft, bunt ...

Nuuk hatte zwei Ampeln. Grönland hatte zwei Ampeln. Nuuk war die Hauptstadt Grönlands. Grönland war riesengroß, in ganz Grönland lebten aber nicht einmal 60.000 Menschen. Grönland war Schnee, Stein, Eis, irgendwo ein paar Moschusochsen und an den Rändern des riesigen unbewohnten Eilands ganz selten mal kleine Orte, die nicht durch Straßen miteinander verbunden waren. Ein Festival der Natur, im Sommer kurz grün, im ewigen Winter dunkel und kalt. Ein zähes Dasein für die Menschen, die hier lebten. Kaum Licht, totale Abgeschiedenheit und die Flüge mit den roten Propellermaschinen zwischen den Orten gab es nur dann, wenn der Schneesturm kurz aussetzte.

Vom einzigen wirklichen Hotel blickte Tim auf die eine der beiden Ampeln und so etwas wie eine Kreuzung, wobei die Grenzen zwischen Fußweg und Straße durch den Schnee verdeckt waren. Ein paar Menschen waren unterwegs. Beleuchtet wurde die Szenerie vom gelblichen Licht einer Straßenlaterne. Das Ganze wirkte auf Tim beschaulich wie eine unvollständige Legolandschaft.

Da hinten strahlte das neue kulturelle Zentrum des Ortes, das die dänische Regierung erst kürzlich errichtet hatte. In modernem Baustil aus Holz stach es heraus. Hier vorne lag der Supermarkt, in dem Tim eben Alana beim Wasser kaufen kennengelernt hatte. Er trug jetzt nur noch eine Unterhose. Seine Hose und seine Schuhe lagen auf der Heizung zum Trocknen. An der Kasse hatte Alana ihn kurzerhand eingeladen zu sich und ihrem Mann nach Hause. Eine kleine Feier mit Freunden plante sie.

Der Weg zu Alanas Haus war hart. Tim hatte es zwar sehen können aus seinem Hotel. Nur zehn Minuten raus aus dem Stadtzentrum musste er gehen, dann einen Hügel hoch. Das allerdings gegen einen kalten Wind, der auf der Gesichtshaut wehtat wie Tims Hand, wenn er sie als Kind gegen die Wand der Gefriertruhe im Supermarkt gepresst hatte. Er hatte alles an, was er besaß, aber der Wind fand immer neue Wege durch die Lagen und die Maschen, die seinen Körper nur unzureichend schützten. Noch dazu war die Straße spiegelglatt.

Alanas Haus war kein buntes, aber ein schönes Haus. Durch die Fenster sah Tim bereits das warme Licht und die Silhouetten von diversen Menschen. Drinnen war es so wohlig, wie man sich das wünscht bei so einem Wetter. Musik lief, junge Leute hatten sich auf der riesigen Sitzgruppe im Wohnzimmer niedergelassen und tranken und aßen von den Gerichten, die in der Küche zum Buffet angerichtet waren.

Schnell kam Tim ins Gespräch, erzählte von sich, stellte Fragen und probierte diverse Sachen, die er noch nie gegessen hatte. Eine kleine, aber feine Gemeinschaft sei man in Nuuk, war der Tenor, und Tim sah, wie nah sich alle waren, wie herzlich, wie vertraut. In der Küche sprach er, der Abend war schon fortgeschritten, mit Alana über Kinderpläne. Sie und ihr Mann würden welche wollen, aber wüssten noch nicht wann, sagte sie und fragte Tim, wie es bei ihm aussehe. Er druckste etwas herum.

»Willst du nicht?«, hakte sie mit einem Lächeln nach. »Will sie nicht? Du hast doch gerade von deiner Freundin oder Frau gesprochen, oder?«

Tim zögerte. »Nein.«

»Aber du hast doch gerade ... Was macht sie überhaupt? Warum ist sie nicht mit dir unterwegs?«

»Fahrt ihr immer zusammen in den Urlaub?«

»Gott bewahre!«, lachte Alana los. »Mein Mann muss immer mal wieder beruflich nach Kopenhagen, und ich bin froh, wenn ich mal meine Ruhe habe. Ich würde gern mal in die Südsee. Aber überallhin ist es von hier ein so weiter Weg.« Sie überlegte. »Es ist nicht einfach hier. Immer dieselben Leute, immer dieselben Wege, immer dasselbe ...«

Alana stockte.

»Wir können euch ja mal besuchen kommen. Wo sagtest du, wohnt ihr genau?«

Alanas Mann betrat die Küche. Prüfend sah er sie an.

»Was? Ich habe nichts gemacht!«

»Glaub ihr nicht alles«, sagte er mit einem Grinsen in Tims Richtung, während er sich etwas zu Essen nahm.

Tim hob sein Glas, weil er nicht wusste, was er dazu sagen sollte.

Als Alanas Mann wieder ins Wohnzimmer gegangen war, winkte sie ab. Ebenfalls mit einem Grinsen.

»Weißt du ...«, holte sie aus, geriet aber ins Stocken.

Tim wartete darauf, dass sie weiterredete. Er musterte sie. Etwas rumorte in ihr. Mehrmals rang sie noch Worten, nach Luft. Sie brach in Tränen aus. Nichts hatte das angedeutet. Tim stellte sein Glas ab, fragte, ob er helfen könne, ob er etwas Falsches getan habe, aber sie winkte ab. Alana weinte nicht kurz oder gefasst, sie schien haltlos in ihrem Leid. Tim verstand nicht.

Alanas Mann kam zurück. Er entschuldigte sich bei Tim, der mit den Schultern zuckte. Er nahm Alana in den Arm und brachte sie raus in den Flur. Tim blieb zurück, kaute ein wenig auf irgendeiner dicken, rohen Fischhaut herum. Er nippte an seinem Bier und stand allein in einer Küche in Grönland. Er hörte, wie Alanas Mann auf sie einredete, ihr Schluchzen aber einfach nicht leiser wurde. Eine Freundin schaltete sich ein, geriet mit Alanas Ehemann aneinander. Die beiden schrien sich plötzlich an, während Alana immer lauter weinte. Auch im Wohnzimmer entbrannte eine Diskussion, während nur draußen vor der Tür, wo ein paar Männer rauchten und harten Alkohol soffen, noch so etwas wie Frieden zu herrschen schien.

Tim blieb lange in der Küche stehen. Überall sonst hätte er sich noch mehr fehl am Platz gefühlt. Er ging hin und her zwischen Kühlschrank und Fenster. Immer wieder. Fäuste knallten auf den Tisch, sollten dem anhaltenden Geschrei noch mehr Nachdruck verleihen, Menschen fielen sich ins Wort – als wäre alles schon tausendmal gesagt, aber nie gehört worden. Die Spannung in der Luft, der Hass, schien chronisch zu sein, eine Lösung unmöglich. Verhärtet, verbittert, nicht einmal mehr verzweifelt.

Tim machte sich vorsichtig auf den Weg zur Garderobe, um seine Jacke zu holen. Es schien ihm das Beste, diese Situation einfach zu verlassen. Eine Tür, die auf seinem Weg vom Flur abging, stand offen und ermöglichte den Blick in ein nahezu unbeleuchtetes Zimmer. Erst als Tim einen Schritt hineinging, erkannte er, dass in der Mitte auf dem Boden Alana mit angezogenen Beinen und dem Rücken zu ihm saß. Das Restlicht, das durch die Tür hineinfiel, ließ Tim ihre dunklen Haare erkennen.

Er blieb stehen. Sie weinte immer noch. Vorsichtig sprach er sie an. Sie reagierte nicht. »Alana«, sagte er noch einmal etwas lauter. »Kann ich etwas für dich ...?« Dann drehte sie ihren Kopf um exakt 180 Grad zu ihm und grinste. »Nein danke, alles in Ordnung«, sagte sie mit funkelnden Augen. Bleich war ihre Haut. Blaue Adern schimmerten durch ihre dünne Hülle, die auf ihrem knochigen Schädel lag. Sie hob ihren rechten Arm, dessen Hand aber weiter schlaff nach unten hing. Vom Zeigefinger löste sich ein Tropfen Blut, fiel auf den Holzboden und verschwand darin. Dann drehte sie ihren Kopf, immer noch grinsend, um weitere 180 Grad weiter in seine Ausgangsposition.

Tim wich zurück, ging schnurstracks durch den engen Flur zur Haustür, vorbei an allen wild streitenden Parteien. Er schlängelte sich zur Garderobe, schnappte seine Sachen, verließ das Haus und eilte den Berg hinunter zu seinem Hotel. Dass er dabei fast erfror, weil er erst beim Gehen seine Sachen nach und nach anzog, merkte er erst in seinem Hotel. Im Fahrstuhl stellte er sich an dessen Rückwand, die aus einem großen Spiegel bestand, und schaute sich in die Augen. Er schien durch seine Pupillen durchzuschauen. Irgendwohin. Er weigerte sich, auch nur irgendetwas zu fokussieren.

Wenig später stand er wieder, nur mit seiner Unterhose bekleidet und einer Flasche Wasser in der Hand, in der Mitte seines Zimmers. Er schaute auf das spärlich beleuchtete Nuuk herunter. Vorne die Kreuzung, hinten das Kulturzentrum, dazwischen ein paar Gestalten, die auf dem weißen Untergrund von A nach B eilten. Der Schnee reflektierte das Licht der wenigen Straßenlaternen. Klein war dieser Ort. Das Schwarz der Nacht um ihn herum war viel größer.

Er erwachte gegen 10 Uhr. Es war dunkel draußen. Tim ging in einem der wenigen Cafés, die es in Nuuk gab, etwas essen, dann zurück aufs Zimmer und schaute aus dem Fenster in den nur sehr langsam erwachenden Tag. Hinter der kleinen Stadt sah er den Hafen und das Wasser. Ab Mittag hatte er eine Bootsfahrt hinaus aufs Eismeer gebucht. Bei gutem Wetter, und es war heute glücklicherweise fast windstill und klar in Nuuk, sollte die Tour auf jeden Fall stattfinden. Vielleicht würde er sogar Wale sehen.

Am Hafen verkauften ein paar Leute frischen Fisch. In dicken Jacken und mit Handschuhen und Mützen bekleidet präsentierten sie in einem mit Neonlicht funktional beleuchteten Verschlag ihre Ware. Tim begutachtete den Fang, wechselte ein paar Blicke, machte ein Foto und ging zu seinem Boot. Es war ein relativ kleines Fischerboot. Der Kapitän verdiente sich ab und an, wenn er zurück war von seinem morgendlichen Fang, mit Leuten wie Tim zusätzliches Geld. Die Kabine bot insgesamt rund sechs Menschen inklusive Kapitän Platz. Es waren noch zwei weitere Gäste an Bord. Eine Frau mittleren Alters und eine junge Asiatin mit einer großen Kamera über ihrer dicken Daunenjacke. Sie tuckerten aus dem Hafen hinaus aufs Meer.

Mit jeder Minute Fahrt wurde das Wetter trüber. Nuuk verschwand langsam hinter ihnen am Horizont. Rechts und links erstreckten sich Bergketten. Tims Blick fiel auf das Wasser, das von der Schiffsschraube aufgewirbelt wurde. Er musste daran denken, wie das Wasser sich in Horrorfilmen immer rot färbte, wenn jemand an so einer Stelle ins Wasser fiel. Rein logisch wäre das wahrscheinlich gar nicht der Fall. Vielleicht würden die Beine zerfetzt, aber der Körper würde dann nach unten gerissen und erst weit weg vom Boot wieder auftauchen – wenn überhaupt.

Tim schaute nach oben. Was vor einer halben Stunde noch blauer Himmel war, lag nun schon fast komplett hinter Wolken. Und das eben noch relativ freundliche Meer glich nun, ohne die Sonne, immer mehr dem schwarzen Stein der in der Ferne emporragenden Berge. Kalt musste es sein und extrem tief, zudem wurde es etwas rauer.

Die Asiatin in der Kabine machte unentwegt Fotos durch das kleine Fenster neben ihr, die andere Frau las.

In der Zielbucht angekommen, beruhigte sich das Meer wieder. Dunkel und ruhig lag es unter ihnen, die Sichtweite über Wasser war allerdings durch dichten Nebel auf gerade mal etwa zehn Meter beschränkt. Die Felswände links und rechts waren nicht mehr zu sehen. Leise tuckerte der Motor durch das fast spiegelglatte Wasser. Immer wieder trieben kleine Eisschollen und -brocken an ihnen vorbei, manchmal sogar kleine Minieisberge, die hellblau schimmerten. Es war ein Blau, das Tim aus Dokumentationen im öffentlich-rechtlichen Fernsehen kannte. Es gab es also wirklich: blaues Eis. Unwirklich strahlte es fast türkis als einzig wirkliche Farbe in dieser Melange aus Grau, Weiß und Schwarz.

Langsam schipperten sie im Nebel voran. Ab und an hörten sie ein dumpfes Geräusch unter sich, wenn Eisbrocken mit dem metallenen Bug des Schiffs kollidierten. Hohl klang das und tief und manchmal folgte eine Art Kratzen, da das Hindernis offenbar am Schiff entlangschliff, bis es wieder ins weite, eisige Wasser entglitt. Ansonsten wehte kein Wind, kein Vogel schrie, keine Welle, keine Brandung, niemand redete, nichts. Dicke Schneeflocken, mehrere Zentimeter dick, rieselten aus dem dunklen Grau auf Tim – setzten sich auf seine Kleidung, seine Haut, seine Brille. Und wurden zu Wasser und fraßen sich in den Stoff oder seine vor Kälte gerötete Haut.

Nichts war zu sehen. Rund zwei Stunden lang glitten sie insgesamt durch eine triste Parallelwelt, die Tim auf keiner Karte wiederfinden würde. Erst nachdem sich das Boot erst mit leicht, dann stärker brummendem Motor aus der Bucht entfernt hatte und den Heimweg antrat, kamen Wind, Geräusche und Schwerkraft zurück.

Schnell ahnte Tim, dass diese Rückkehr in die Realität nicht schön werden würde. Die relative Windstille war auf dem offenen Meer nicht nur dahin, ein Sturm kam auf – hätte er gesagt. Aber der Kapitän lächelte nur sportlich und sagte: »Das ist nichts. Das ist ein bisschen Wind. Das ist nichts.«

Wenige Minuten später lachte derselbe Kapitän schallend laut an seinem Steuerrad. Fast schrie er vor Freude, als er versuchte, frontal auf die immer wiederkehrenden schwarzen, meterhohen Wellen zuzusteuern, die inzwischen deutlich höher waren als das Boot selbst. Hoch, runter, hoch, runter. Der Kahn musste oben sein und die Spitze der Welle passieren, bevor sie brach. Und immer frontal darauf zu. Seitlich in so ein Monstrum reinzugeraten wäre tödlich. Sofort würde das Boot bei der sich auftürmenden Welle umkippen und begraben werden unter der Brandung. Auf offenem Meer.

Würde das passieren, wären Tims Gliedmaßen bei dem immer noch dicken Nebel und vor allem in dem eiskalten Wasser, das kilometertief sein musste, innerhalb weniger Sekunden so eingefroren, dass er zu Boden sinken würde wie ein Stein. Er wäre dann tot. Er würde sterben. In Angst, Panik und Kälte.

Sein Kopf knallte auf die Sitzstange vor ihm, als der Kahn nach dem Sprung über eine Welle horizontal aufschlug auf dem steinharten Meer. Nur um sich sofort wieder mit lautem Motorengeheul die nächste Wasserwand emporzuschrauben und wieder abzuheben – und wieder knallhart zu fallen auf die nächste Welle, die sich bereits andeutete. Riesengroß türmte sich die nicht enden wollende, tiefgraue Masse vor ihnen auf, wie Tim durch die zerkratzte Scheibe erkannte, die von einem viel zu kleinen Scheibenwischer in hektischen Bewegungen gereinigt wurde. Wasser, Schaum, dunkler Himmel, Schmerz, Chaos.

Immer höher wuchs die nächste Welle, bis eine zunächst kleine Schaumkrone ihr Brechen andeutete. Sie war so unfassbar hoch. Das Boot raste mit allem, was drin war, nach oben, sein Oberkörper fiel nach hinten, dieses Mal klappte es nicht mehr, sie sahen schwarz, schwarz, schwarz, dann den Himmel, der Motor heulte auf, Sachen flogen durch den Raum, die Asiatin schrie und klammerte sich an ihre Kamera, die mittelalte Frau krallte sich in die Holzbank, Tim hatte seine Augen weit aufgerissen und sah durch die Windschutzscheibe, wie die dunklen Wolken am Himmel sich zu zwei großen dunklen Augen formten, die umgeben waren von einem Wolkenumhang. Die Augen schauten ihn an. Aus der Kehle des Kapitäns klang ein dumpfes Grollen, das mit jedem Zentimeter, den sie stiegen, weiter zu einem entfesselten, ohrenbetäubenden Schrei erwuchs, der jedes Trommelfell sprengte. Sie kippten nach hinten.

Nach ein paar Sekunden bewegten sich die bunten Häuser wieder langsamer vorbei an Tims Sichtfeld. Fels, bunt, Landschaft, Straße, Fels, bunt, Landschaft, Straße. Immer langsamer. Sein Herz setzte sich, sie kamen zum Stehen. Stille. Der Fahrer des Taxis sagte nichts. Er schaute nur nach vorne durch die Windschutzscheibe. Nach ein paar Sekunden legte er den Rückwärtsgang ein, brachte den Wagen auf Kurs und rollte langsam die Straße hinab. »Sorry«, sagte er mit einem gequälten Lächeln.

BANGKOK

Die verschimmelte, vergilbte Tür schlug hinter Tim zu. Er hörte die Frau vom Guesthouse den Flur zurück und dann die Treppe runter in die Bar gehen, zu der dieses Zimmer gehörte. Wenn man es Zimmer nennen wollte. Tim schob das jämmerliche Schloss in den Haken, der am aufgeweichten Türrahmen baumelte, und drehte sich um.

Seine Erziehung zum Geiz – nie wurde sie ihm so deutlich wie jetzt. Trotz aller Schönheit Thailands, trotz des Touristenbooms seit Jahren, obwohl inzwischen selbst »Country Roads«-Hörer mit Kindern nach Thailand kamen: Es war immer noch so unfassbar billig. Tim hätte hier leben können wie ein König für eine Handvoll Geld. Aber er tat es nicht. Stattdessen hatte er nach seiner Ankunft stundenlang in der Mittagshitze der Stadt derart engagiert nach einem Hotelschnäppchen gesucht, als sei er am teuersten Ort der Erde. Ergebnis: Er mietete sich nach einem zu langen Flug, einer zu langen Einreiseprozedur und einer eineinhalbstündigen Busfahrt (war billiger als die billigen Taxis) in dieser fensterlosen Box ein.

Die dünnen Wände aus Sperrholz waren wohl mal weiß gewesen, doch längst hatten sie durch die hohe Luftfeuchtigkeit und Sachen, die er gar nicht wissen wollte, einen ungesunden Schleier bekommen. Überall fraßen sich zudem feuchte Stellen mit dunkelgelben Rändern ins marode Gebälk. An der Decke drehte sich willenlos ein riesiger Propeller, der nicht mehr als einen mickrigen Wind erzeugte und die brütende Hitze kaum besser machte. Und auf dem Flur hörte man jedes Wort, jede Maus, die von rechts nach links lief.

Gekrümmt lag Tim auf der schäbigen, ausgeleierten Matratze, die noch vollgeschwitzt war vom Vorgänger. Zwischen seinen Beinen hatte er das dünne, löchrige Bettlaken, das ihm als Decke verkauft wurde. Er wand sich von links nach rechts. Zu jeder Sekunde hätte er aufstehen und in ein besseres Hotel ziehen können. Es sich gut gehen lassen oder zumindest: menschenwürdig leben. Er tat es nicht. Er blieb in diesem nach Urin stinkenden Verschlag, als sei es sein Schicksal.

Immerhin saß sie neben ihm auf einem Stuhl. Es schien Tim fast so, als hätte sie in dem Raum auf ihn gewartet. Er meinte sogar, er hätte sie im selben Flugzeug gesehen. Nun schaute sie ihm zu, wie er trotz später Stunde nicht schlafen konnte. Wie er sich herumwälzte. Er hatte alles versucht. An Fußball gedacht, an Hundewelpen, er hatte zweimal onaniert, las irgendwas zum 300. Mal – es ging nicht. Er stand auf, zog seine Hose an, ein Hemd, seine Sandalen und ging auf die Straße.

Tausende Menschen warteten auf ihn. Gerüche, Stimmen, Blicke, Essen, Frauen, Bier, Drogen, Tempel – eine Million Wege, sich abzulenken. Input. Eben das, warum viele hier waren. Aber Tim schaffte es nicht. Er schaffte es nicht, das an sich heranzulassen. Er ging wie in einem Käfig durch die Massen und über die Straßen. Er wurde angehupt, angerempelt, angesprochen, einmal touchierte ihn ein Moped. Der Fahrer beschimpfte ihn wüst. Aber er war gar nicht da.

Er ging zurück auf sein Zimmer, wo sie schon auf ihn wartete. In der Ecke des Raumes saß sie. Frau Sorge. Das Gesicht nicht zu erkennen, schaute sie ihn unentwegt an. Manchmal starrte er zurück. Sekundenlang. Keine Regung. Manchmal kniff er die Augen zu. Sekundenlang. Machte sie wieder auf. Sie saß da. »Was!?«, sagte er schließlich laut. Und schrie: »Was ist!? Was soll ich denn tun?! WAS!? Ich kann nicht mehr!!!!« Vom Nebenzimmer klopfte es an die Wand. Keine Regung bei ihr.

Er versuchte wieder zu schlafen und dachte dieses Mal, als letzten Ausweg, an seine Landschaft des Leids. Er stand am Rand. Er schaute in das Tal, wo Vögel kreisten, der Bach floss wie immer und alles spross und gedieh. Vorsichtig stieg er herab. Manchmal bröckelte es bedrohlich unter ihm, manchmal rutschte er ein paar Zentimeter. Er ging in Richtung Fluss. Im flachen Ufer standen zwei große, schwarzweiße Vögel mit langen Beinen und beharkten sich liebevoll. Ein Falter setzte sich auf einen aus dem Wasser ragenden Ast, und an Tim vorbei trieben Körper.

Er hatte das noch nie gesehen. Vielleicht auch weil es nicht leicht zu erkennen war aus der Ferne, aber jetzt nahm er es wahr: Nur Stirn, Nase, Kinn und Füße der Körper ragten zwischen den flachen Wellen aus dem Wasser. Reihenweise Körper trieben an ihm vorbei. Und als er genauer hinschaute, erkannte er einige von ihnen.

Es waren seine Liebsten. Viele von ihnen, wahllos zusammengewürfelt. Die Verstorbenen und die Lebenden. Freunde, Partner, Kollegen, Verwandte. Sie alle waren hier, trieben friedlich an ihm vorbei in diesem leichten, scheinbar ewigen Abendrot, das genährt wurde aus ihren Kehlen. Aus ihren Kehlen entwich durch einen kleinen Schlitz in kurzen Stößen ein rotes Gas, das in den Himmel zog und dieses wunderbare Rot, fast ein Violett, schuf. Als sei es ein ewiger lauer Sommerabend. Ein Vogel kreiste am Himmel. Ein seltener, schöner Vogel.

Tim öffnete die Augen. Sie war weg.

LAOS

Am nächsten Tag nahm Tim den Bus nach Vientiane, um weniger Touristen sehen zu müssen. Und um in ein neues Hotel zu ziehen, ohne sich die Blöße vor sich selbst geben zu müssen, innerhalb einer Stadt das Zimmer zu wechseln. Er verbrachte einige Tage in der nicht gerade schönen Hauptstadt von Laos. Aber ihn störte die fehlende Idylle nicht.

Tim ließ sich treiben, aß gut und schlief besser. Eines Abends sprach ihn jemand in einer Bar an. Joseph, ein Engländer wie aus dem Bilderbuch. Mitte Zwanzig, aber älter aussehend, der Kopf geschoren wegen der schrumpfenden Haarpracht, die Ohren abstehend, der Nacken und das Gesicht gerötet von der Sonne.

Es war ein guter Abend. Tim hatte den englischen Humor schon immer geliebt. Diese Fähigkeit, in allem das Lächerliche zu sehen, Geschmacksgrenzen zu durchbrechen, politisch unkorrekt zu sein. Sie trafen sich in der Folge öfter, immer in derselben Bar, links hinten an einem kleinen Tisch. Joseph hatte immer ein Bier in der Hand und trug immer dasselbe weit ausgeschnittene weiße T-Shirt, das seinen muskulösen, aber leicht dicklichen Oberkörper bedeckte.

»Vor vier Jahren bin ich los. Einen Monat nach Peru«, erinnerte er sich. »Und seitdem bin ich nicht wiedergekommen. Ich war einmal kurz zu Hause. Meine Mutter war völlig aufgelöst, als ich wieder los bin. Aber ich kann so nicht mehr leben. Haus, Garten, Job, Frau. Ich kann das nicht. Ich bin glücklich so. Keine Ahnung, ob ich es in ein paar Jahren noch bin, ob das Geld immer reichen wird. Aber worum geht es denn?«

Tim zuckte mit den Schultern. »Das kann ich dir nicht sagen.«

Joseph nahm einen Schluck und nuschelte: »Was?«

»Worum es geht, kann ich dir nicht sagen.«

Joseph stellte das Bier ab. »Warum bist du denn unterwegs? Nach Sommerurlaub klingt deine Route ja nicht gerade.«

»Ich weiß es nicht.«

»Wie?«

Stille.

»Warum bist du denn von zu Hause weg?«

Tim zögerte, wie immer in diesem Moment.

Joseph wartete. Er hatte keine Eile.

»Egal wie gut es mir geht, es gibt immer etwas, das mich zurückhält«, sagte Tim.

»Wie meinst du das?«

Tim überlegte. »Es ist wie ein kleines Gewicht an meinem Herzen. An meinem Herzen hängt ein Faden, und an dem Faden baumelt ein kleines Gewicht. Wie ein Amulett an einer Kette. Dieser Faden liegt auf zwischen meinen beiden Herzkammern, weißt du? In der Mulde zwischen den beiden Halbkreisen an der Oberseite. Daran baumelt das Gewicht. Es ist nicht sehr schwer, kaum spürbar, aber immer da. Permanent zieht es ein bisschen nach unten. Und wenn ich keine Energie in mein Herz stecke, dann hängt dieses Herz ein Stück weiter unten, als es sollte.«

Joseph schaute mit diesem leeren Blick, den nur Engländer können.

»Glaube ich zumindest.«

Joseph zog die Augenbrauen hoch. »Das klingt ... scheiße.«

»Das ist auch scheiße.«

»Seit wann hast du das?«

»Ich glaube, schon immer. Seit ich denken kann mindestens. Ich finde das eigentlich selbstverständlich.«

»Dann reiß die Kette doch ab.«

Tim fing an zu lachen.

Sie zahlten, kauften sich noch ein Bier und setzten sich auf eine Verkehrsinsel auf dem Weg zum Hotel. Motorroller, Autos, Busse fuhren vorbei. Es war laut, immer noch schwül und es roch nach Abgasen.

»Ich glaube, Glück ist kein Ort«, sagte Joseph irgendwann. »Glück ist auch kein Ziel. Glück ist nicht einmal ein Zustand, den man anstreben kann. Man kann Glück nicht ansteuern oder suchen. Ich glaube«, Joseph stellte die Flasche vor sich und zeigte auf Tim, als hätte er die Lösung: »Ich glaube, Glück ist so etwas wie eine Haltung. Eine Einstellung. Eine Art, mit allem umzugehen, was auf uns einprasselt. Gutes und Schlechtes.«

Tim nickte, damit Joseph nicht wie immer fragte: »Weißt du, wie ich mein'?«

»Nicht so viel Angst zu haben, und wenn sie trotzdem da ist, sie zu akzeptieren. Dass es sie gibt. Und sie aus der Mystik herauszureißen und mit der Realität zu konfrontieren. Manchmal hilft einfach sprechen, und ganz wichtig: Mach dir nicht so viele Sorgen! Du kannst Glück nicht verpassen oder es dir verbauen durch irgendwelche Fehler. Glück ist kein Haus am See, keine vierköpfige Familie, kein Erfolg, keine Anerkennung, kein Geld, vielleicht nicht einmal Gesundheit. Es ist die Art und Weise, wie du jeden einzelnen Moment im Jetzt so nimmst, wie du das für am besten hältst. Glück ist auch keine fragile Porzellanpuppe. Ja, du musst darauf achten, es pflegen und es würdigen. Aber sei auch nicht zu hart zu dir. Bereue nicht so viel. Liebe dich selbst. Angst funktioniert nicht. Du lässt das Glück dann nur fallen aus den falschen, nichtigen Gründen. Oder nimmst gar nicht wahr, dass du es gerade in der Hand hältst. Angst lähmt dich.«

Tim schaute auf seine Hände. Das Etikett der Bierflasche löste sich fast von allein ab durch das Kondenswasser an dem Glas. »Ich glaube, du hast nicht Unrecht. Das klingt auch theoretisch alles gut. Aber es ist so schwer, das jeden Tag umzusetzen. Ich bin völlig anders aufgebaut. Ich müsste mich komplett umerziehen. Ich würde das tun! Aber der Weg ist so weit. Der Alltag so schwer. Und wenn dann der Zweifel wieder regiert – und das wird er –, dann sind da all diese Versionen von Glück, die mir jeden Tag präsentiert werden. Fotos, Worte, Egos – in jeder zweiten Zeitung steht, wie gut es jedem Menschen geht. Der immer alles haben kann. All die ganzen Wege zum Glück. Aber wo sind die, die es nicht schaffen? Bin ich der Einzige? Die Traurigen sprechen nicht. Aber sie sind auch da.«

»Eigentlich weißt du es doch: Alle sind nur Hüllen. Alles, was du siehst, sind nur verzweifelte Versuche, Sinn zu finden, etwas zu sein, irgendetwas zu bedeuten. Und da sie alle auch zweifeln, zumindest unbewusst, versuchen sie halt, die wenigen Momente, in denen sie sich zumindest halbwegs sicher sind, zu kondensieren und damit die ganze Scheißwelt zu infiltrieren. Um sich sicherer zu sein. Und eines kannst du mir glauben: Immer will man das Leben der anderen. Es sieht so einfach aus von außen, so selbstsicher. Weil man die Abgründe nicht kennt.«

»Ist jeder Mensch wirklich ein Abgrund?«

»Ja! Nur die meisten wissen es nicht oder wollen es nicht wahrhaben.«

»Und wer behauptet, dass die, die das nicht an sich ranlassen, damit falsch liegen?«

»Das hängt davon ab, was man als Lebensziel hat. Glücklich sein? Sich nicht so sehr sorgen? Wenn die Selbstbelüger damit durchkommen, wenn sie es schaffen, sich bis zu ihrem Tod so zu belügen, dass sie niemals aufschlagen ...«

»Dann haben sie gewonnen.«

»Nur wenn du dich mit ihnen misst. Aber sicherlich wäre spätestens dann ihr Konzept besser aufgegangen als deines gerade. Egal wie gehirnamputiert sie sind.«

Sie schwiegen wieder.

»Wobei«, überlegte Joseph laut. »Die Wahl hast du eh nicht. Du kannst dich ja nicht dümmer machen als du bist.«

Tim schüttelte mit dem Kopf.

»Das Glück sitzt in uns«, redete Joseph weiter. »Irgendwo, in jedem von uns. Ich weiß nicht wo, es ist kein Organ. Es hat keinen festen Ort. Es ist vielmehr das Ergebnis einer sich permanent verändernden Konstellation aller unserer Eigenschaften, Erfahrungen, Stärken und Schwächen. Die Definition von Glück verändert sich jede Sekunde in jedem von uns auf ganz eigene Weise. Ich zum Beispiel bin jetzt gerade glücklich. Ich möchte nirgends anders sein. Aber ich will mein Leben hier nicht verbringen. Ich könnte mein Glück auch abhängig machen von einer Frau, zwei Kindern, einem Job, meinem Aussehen, einem Haus und einem See davor. Aber was ist, wenn ich das nicht schaffe? Bin ich dann unglücklich? Und was bin ich all die Zeit, bis ich das geschafft habe? Ich will das nicht mehr. Sei dankbar für das Jetzt. Sei genügsam unter den Umständen. Und liebe dich. Sonst wird es nichts.«

Sie saßen noch eine Weile und sagten nichts. Mofas knatterten an ihnen vorbei, die vollen Busse schalteten immer gerade dann, wenn sie auf ihrer Höhe waren, in den zweiten Gang und bliesen ihnen ihre Abgase ins Gesicht, Menschen kamen und gingen.

»Was denkst du?«, fragte Joseph.

Tim: »Wer sagt denn, dass Glück überhaupt vorgesehen ist. Wer sagt denn, dass überhaupt jeder glücklich sein muss.«

Nach einer Weile fuhr er fort: »Ich frage mich, ob alles vielleicht gar nicht so ist, wie es scheint. Das Auto da drüben. Das ist rot. Da sind wir uns einig, oder?«

»Ja.«

»Alle würden das sagen: Die Farbe dieses Autos ist rot. Aber wie sieht Rot für dich aus? Und wie sieht Rot für den Typen dahinten aus? Und wenn du Rot für dich beschrieben hast: Wie sehen die Sachen aus, mit denen du Rot beschrieben hast? Und wie sehen die gleichen Sachen für den Typ da drüben aus? Ich lebe in einer seit Jahrtausenden gewachsenen, auf unsere Sinne ausgelegten Logik, die Menschen für Menschen erfunden haben, um irgendwie klarzukommen. Irgendwann hat einfach mal einer gesagt: Das hier, das ist Rot. Und wer so nicht denkt, der ist verrückt.«

»Der ist nicht verrückt. Der ist farbenblind.«

»Aber was ist normal? Was ist die Realität? Das, was ich als wahr empfinde? Was ist, wenn mein ‚wahr‘ etwas anderes ist als das, was allgemein als wahr empfunden wird? Was bin ich dann? Wenn ich mir jetzt hier auf der Straße meinen linken Arm abtrenne und ihn in meine rechte Hand nehme und ihn dann dahin, direkt vor uns hinlege. Was ist das dann? Ist das dann mein Arm? Oder ist das ein Arm? Wer sagt, dass das meiner ist? Er ist nicht mit mir verknüpft. Er läge genauso da wie der zertretene Plastikbecher da. Er gehörte mal zu mir. Aber jetzt nicht mehr. Gehört mir mein Arm? Gehört er noch zu meinem Körper? Offiziell offensichtlich nicht mehr. Gehört mein Körper überhaupt mir? Definiert mein Körper mein Selbst? Oder macht das die Seele? Was ist, wenn ich beide voneinander trenne?«

In diesem Moment streifte Tim etwas an seinem Knie. Er blickte an sich herunter. Ein streunender Hund. Eine Promenadenmischung, schwarz und weiß, mit einem schwarzen Fleck ums linke Auge. Ein bisschen grau um die Schnauze war er bereits. Er schaute Tim an, durch große, dunkle Augen. Der Hund neigte den Kopf leicht nach rechts. Dann knickte er seine Ohren ein. Tim und Joseph begannen zu lachen. Sie spielten noch ein wenig mit dem Hund, fütterten ihn mit alten Keksen, die sie in ihrer Tasche fanden, standen auf und gingen.

Am nächsten Tag stieg Tim in den Bus nach Luang Prabang, einer Stadt im Norden von Laos, am Fluss Mekong. Auf der Karte sah die Strecke nicht weit aus, aber sie führte in permanenten Kurvenlinien durch grüne, hügelige Landschaften. Tim war nicht sehr anfällig für Übelkeit in Fahrzeugen, aber irgendwann starrte auch er unentwegt durch den Mittelgang des Busses, durch die Frontscheibe auf die Straße und sagte sich leise, was als Nächstes kam. Kurve rechts, Kurve links …

Acht Stunden war er unterwegs gewesen. Luang Prabang belohnte ihn. Eine beschauliche Kleinstadt mit vielen Kolonialbauten eröffnete sich Tim. Alles war eine Spur entspannter als in den beiden Hauptstädten, die hinter ihm lagen. Es gab nur eine Hauptstraße, einen Busbahnhof, einen Berg, er aß jeden Abend auf einem Nachtmarkt im Zentrum – es war beschaulich.

Tim verbrachte mehrere Tage und Abende an einer Steintreppe, die er gleich am ersten Tag entdeckt hatte. Er fand nie heraus, warum diese Treppe am Ufer des großen Mekong-Flusses lag und warum sie direkt ins Wasser führte. Aber für ihn bot sie die perfekte Tribüne für den Blick auf das Wasser. Er sah Äste an sich vorbeitreiben, Boote sich gegen die augenscheinlich starke Strömung aufwärtskämpfen, Kinder, die im Wasser nah dem Ufer spielten. Mal saßen Menschen neben ihm, mal nicht. Mal hatte man kurz Blickkontakt, meist nicht. Er genoss diese Ruhe und wollte mehr davon.

In seinem Hostel hatte er sich nach dem nächstgelegenen Ort abseits der immer noch leicht spürbaren Touristenströme erkundigt. Ein paar Tage später saß er hinten im Auto der Rezeptionistin, die von ihrer Mutter jeden Tag von der Arbeit abgeholt und ihr Heimatdorf zurückgebracht wurde. Die Arbeit sei gut in Luang Prabang, sagte sie während der Fahrt. Die Touristen brächten immer mehr Geld; nur die Mieten waren viel zu hoch für die Einheimischen. Daher lebe sie noch bei ihrer Familie.

An einem recht unscheinbaren Hauseingang ließen sie Tim raus. Das sei die Adresse, die auf seinem Zettel stehe, sagten sie ihm. Kein Schild, keine Hausnummer. Er drehte sich zum Wagen, aber die beiden nickten so intensiv, dass er ihnen glaubte. Etwa einen Kilometer waren sie aus dem Zentrum des nächstgelegenen Ortes herausgefahren. Einen Berg hoch, hinter einer engen Linkskurve langsamer geworden, und ein paar Meter weiter lag besagtes weißes Haus, vor dem Tim nun stand. Es sah flach aus von hier, aber es konnte aufgrund der steilen Lage am Abhang gut sein, dass es sich auf der anderen Seite noch ein oder zwei Stockwerke nach unten erstreckte.

Und genau so war es. Die Eigentümerin hatte ihn gehört, fing ihn vor der Haustür ab und führte ihn um das Haus herum. Die beiden Gästezimmer an der Rückseite waren nur von außen erreichbar, und es waren keine Schönheiten. Wackelige Holztüren, eine Matratze auf einem Metallgestell, ein schlichtes Badezimmer. Der gegossene, graue Betonboden setzte sich nahtlos fort auf der üppig großen Terrasse. Zwei weiße Plastikstühle standen darauf, und der Blick von hier ließ Tim kurz den Atem stocken. Kilometerweit war er, auf ein von üppigem Grün dominiertes Tal. Das andere Zimmer war nicht belegt.

Tims Tagesrhythmus war schnell gefunden. Frühmorgens stand er auf, auch dank des brüllend lauten Hahns in der Nachbarschaft. Er frühstückte bei der freundlichen Besitzerin in der Küche und setzte sich dann auf die Terrasse. Mittags ging er in den Ort zum Essen, ließ sich danach etwas treiben durch den von Märkten, Werkstätten und Verkehr bestimmten Alltag, bevor er früh zu Abend aß und schließlich vor der Dämmerung zurückkehrte zu seiner Unterkunft.

Jeden Abend verbrachte er auf der Terrasse. Stundenlang. Er genoss den Ausblick, der nicht extrem spektakulär war in dem, was er an Landmarken bot, aber Tim mehr als genügte. Ganz hinten rechts, am Ende des Tales erhob sich ein in sattem Grün bewachsener Berg. Und auf halbem Weg nach oben sah er eine goldene Pagode auf diesem Berg blitzen. Sie war nicht riesig, aber sie fügte sich perfekt ein in diesen Ausblick. Majestätisch ragte sie in das ansonsten unendlich tiefe Grün der Landschaft. Ihr Dach lief so spitz nach oben zu, dass Tim nur durch das Teleobjektiv seiner Kamera sein Ende erkannte.

Manchmal maß Tim mit seinem Zollstock, den er immer zu Beginn des Abends neben sich auf den Boden legte, den Abstand zwischen dem Pagodendach und den Lichtern des Ortes, den er jeden Tag besuchte. Weiter links und ein ganzes Stück näher an Tim lag er, etwa in der Mitte seines Sichtfeldes. Eine Vermessung machte daher keinen Sinn, aber Tim gefiel es, jede Form von Dimensionen und Logik auszublenden. Vereinzelt hörte er ein Hupen aus dem Ort, mal ein Motorrad aufheulen, aber je weiter der in Rot- und Blautönen schillernde Sonnenuntergang zurücklag, desto seltener wurden diese Geräusche. Das Zirpen der Grillen übernahm mehr und mehr das Regiment.

Das Einzige, das Tims Blick auf diese grüne, bergige Landschaft ab und an beeinträchtigte, waren ein paar Blätter. Genauer gesagt die großen, wehenden Blätter zweier Palmen, die etwa zehn Meter vor ihm wuchsen. Etwas weiter den Abhang herunter standen sie exakt so tief, dass ihre Spitzen etwa auf Tims Sichthöhe rangierten. Es waren keine prachtvollen Palmen, zumindest keine Abbilder dieser perfekten Strandkokospalmen, die immer irgendwo gezeigt wurden, wenn eben irgendwo Palmen gezeigt wurden, um Touristen anzulocken. Aber irgendwie konnte Tim sich nicht von ihnen lösen.

Glänzend und langsam bewegten sich ihre immer leicht hängenden, dunkelgrünen Blätter im schwindenden Licht und später im Mondschein. Er liebte das Geräusch, wenn ein leichter Windstoß die Blätter kurz löste aus ihrer Position und sie dadurch leise aneinanderklapperten. Es war ein luftiges, aber sattes Geräusch, das ihn faszinierte. Er konnte sich nicht davon lösen. Es erinnerte ihn an das Geräusch, das die Plastiklappen an den Gepäckbändern in Flughäfen machten, nachdem Koffer sie passiert hatten und die sie zurückfielen in ihre alte Position, in der sie dann willenlos baumelten.

Diese schwarzen Lappen an den Flughäfen sollten lediglich die Sicht versperren und zwei Bereiche trennen. Hinter ihnen warfen Arbeiter Gepäck aufs Band, vor ihnen warteten erschöpfte Reisende auf ihr Stück, und es überstieg Tims Vorstellungskraft, wie viel Dreck aus allen Ecken der Welt an diesen schwarzen Plastiklappen hängen musste. Wie oft sie sich gerieben hatten am Schmutz aus den letzten Ecken der Zivilisation, als sie von sperrigen Gepäckstücken beiseitegedrückt oder angehoben wurden. Straßendreck, Kondenswasser, tausende Hände, andere Gepäckstücke, Viren, Schmutz.

Tim fragte sich, wie sein Körper reagieren würde, wenn er daran lecken würde. An diesen teerschwarzen, wabbelnden, endlos kontaminierten Dingern, die funktional und schlaff baumelten am unnatürlichsten, ungemütlichsten Ort der Welt: der Gepäckausgabe in einem internationalen Flughafen. Genau zwischen Arbeitsbereich und dem der Passagiere, die vom Flug aufgedunsen und manisch auf eben diese schwarzen Lappen starrten, um ja ihren Besitz wiederzuerlangen.

Das Klappern der Palmen klang genauso, aber es war das Gegenteil. Es war das Schönste, das Tim je gehört hatte. Wie sehr es ihn beruhigte. Diese grünen Schwingen im leichten Wind. Tims Augen hatten sich mit der Dämmerung an die Dunkelheit gewöhnt, weshalb er die Blätter auch jetzt, im Mondschein minutenlang anschauen konnte. Sie waren so saubergewaschen durch den Regen, der fast täglich in kurzen starken Schauern auf diese Gegend niederging. Sie waren frei und doch verwurzelt.

Tim schloss die Augen. Er hörte nur noch den Wind und das Klappern der Palmen. Immer mehr Tiere der Nacht fingen an zu zirpen, und je länger er sitzen blieb, desto tiefer wurde seine Ruhe. Eine Ruhe, die er vergessen hatte. Die er seit Jahren nicht mehr hatte. Die so weit weg gewesen war, dass er sich bis eben gar nicht mehr an sie erinnert hatte.

Stumm saß er da. Als sei er bis jetzt auf der Flucht gewesen. Vor aufgebrachten Massen. Quer durch die Wildnis, am Ende angekommen. Als würde diese Terrasse an einem Eingang zu etwas Neuem liegen und als würde er hier schon lange warten. Stumm und ohne Plan. Aber auch ohne Druck. Es wäre okay. Er hätte jetzt Zeit. Und die Ruhe.

Irgendwann kam in der Ferne ein leichter Sturm auf. Sie zog nicht damit vorbei. Dann war da ein Grollen. Aber auch da war sie nicht involviert. Immer nur kurz tat es weh, dann ging es wieder. Und mündete in ein leichtes, leises Säuseln, eine Stimme verschwebten Schweigens, die in der Luft lag. Ab und zu spürte Tim einen sekundenlangen, winzigen Windwirbel an seinen Beinen. Sie war da. Aber sie war nur ein Element. Alles ging seinen Gang. Ohne nennenswertes Resultat oder irgendwelche Auswirkungen, vor dieser riesigen Landschaft. Das Grün, die Palmen, die Wolken an den Berghängen, der Himmel, das Dorf.

Selbst wenn es gleich ungeheure Wassermassen gäbe, selbst wenn es heute noch Meteore regnete – es wäre okay. Er würde sitzen bleiben. Selbst wenn das Böse plötzlich an den Wurzeln dieser Gegend ziehen würde – die obere Welt würde sich kaum regen. Keine Gefahr, keine übermäßige Trauer, alles war zu ertragen.

Tagelang saß Tim so da. Er vergaß manchmal zu essen, so gebannt war er. Seine Gastgeberin brachte ihm immer mal wieder

Tee, Reis und Gemüse. Er bedankte sich, aber zu verstehen, dass sie sich Sorgen um ihn machte, dazu war er nicht in der Lage. Abgenommen hatte er, kein Gramm Fett war mehr an seinem Körper. Er selbst merkte das nicht. Jeder Gedanke verschwamm in ihm wie eine kleine Welle am Strand. Und die nächste kam schon. Und ging wieder.

Ein kleiner Vogel setzte sich auf eine der Palmen. Mit zackigen Kopfbewegungen orientierte er sich zunächst und schaute dann ins Tal. Seine dunkle Silhouette thronte vor der Kulisse, den Bergen, dem Ort, dem Wald, den Wolken. Er schaute nach links, er schaute nach rechts, nach unten, verharrte noch eine Weile, dann flog er weiter.

INDIEN

Es war ein seltener Anblick, der sich Tim bot, als ihn der Taxifahrer durch die Innenstadt Varanasis zu den Ghats fuhr, den heiligen Treppen am Fluss Ganges. Denn er sah niemanden. Er sah die Straße, also das Pflaster und den Teer – und keinen Menschen darauf. Varanasi war zu jeder Tages- und Nachtzeit der Inbegriff des Chaos. Des Verkehrs- und auch des generellen Chaos. Was Tim in den letzten Tagen an Menschenmassen von allen Seiten auf sich zu und im engsten Abstand an sich vorbeikommen sah und spürte, war beispiellos. Mopeds, Fahrräder, Autos – alles hupend, alles laut, alles nah. Motoren, Fußgänger, Tiere, vor allem Kühe, von rechts, von links, von hinten, von vorn, von oben, von unten.

Der Smog, der Dreck, der Lärm, die Enge, das Niemals-allein-Sein, das war Indien für Tim bisher gewesen. Weil er direkt hierhin, nach Varanasi, geflogen war. Selbst für Indien-Erfahrene schien dieser heilige – und damit extrem frequentierte – Ort eine Herausforderung.

Das hörte er immer wieder. Das Absurde: All dieses Chaos, all dieser Wahnsinn vermengte sich irgendwann zu einem Brei, einem Rauschen, das ihn beruhigte. Da er zudem größer gewachsen war als die meisten hier, schritt er irgendwann fast entspannt durch Varanasi, diese liebenswerte Perversion einer Innenstadt, und schaute sich um. Einen halben Meter unter ihm herrschte Armageddon, aber er fühlte sich gut.

Jetzt gerade aber war das alles anders. Die Meter, für die er gestern Abend noch eine Stunde gebraucht hatte, rauschten in Sekunden an ihm vorbei. Lediglich ein paar Kühe lagen vor den noch geschlossenen Geschäften und ein paar Menschen ab und an direkt daneben. Keine Ahnung, wie alle anderen Lebewesen, die hier tagsüber unterwegs waren, in die alten, nicht gerade hohen Häuser passten, aber die Straßen waren leer; jetzt, gegen 4:30 Uhr morgens.

Kurz vor Sonnenaufgang erreichte Tim die Ghats. Er schnappte sich den erstbesten Bootsfahrer. Sie verhandelten kurz und fuhren raus auf den Fluss, um einen guten Blick zu haben auf eine der am längsten bewohnten Städte der Welt im Licht der Morgendämmerung. Gewachsen wie ein Zufallsprodukt war Varanasi, bunt wie Disneyland, aber als Spielplatz definitiv ungeeignet und spiritueller als fast alles andere auf dieser Welt. Immer wieder passierten sie in ihrem langen, schmalen Ruderboot für Tims Verständnis viel zu nah vereinzelte Hindus, die im Wasser des für sie heiligen Flusses badeten. Es störte sie offenbar tatsächlich nicht.

In der Ferne stieg Rauch am Ufer auf. Sie fuhren darauf zu. Nach einer Weile näherten sie sich einer der Burning Ghats. Im Akkord verbrannten dort Menschen aus allen Ecken des Landes ihre verstorbenen Verwandten und überließen die Überreste dem Fluss. Offen, für jeden sichtbar und begehbar. Der blaue Rauch brach das Licht der aufsteigenden Sonne, und Tim zog ein Geruch in die Nase, den er noch nie zuvor gerochen hatte. Als ihr Boot näherkam, sah Tim neben dem aktiven Feuer die Verbrennungsorte der letzten Tage. Überall lag Asche, Kinder und Hunde staksten durch das schwarze Uferwasser und suchten Sachen von Wert.

Direkt neben der Burning Ghat bezahlte Tim seinen Fahrer und ging von Bord. Er schämte sich dafür, dass ihn dieser Ort so faszinierte. Nur aus den Augenwinkeln wagte er es, genauer hinzuschauen, als er an der Feuerstelle vorbeiging und dann abbog in das enge Geflecht aus kleinen Gassen, das Varanasis Innenstadt bildete. Manchmal waren diese Gassen nur zwei Menschen breit, aber Mofas fuhren hier, heilige Kühe schissen vor Hauseingänge, Ratten wühlten im sich türmenden Müll, Kinder spielten.

Einmal, als Tim links in eine Gasse einbiegen wollte, rannte er in eine Gruppe Menschen. Er wich zurück, da er in der Minderheit war, und die anderen eh nicht wirkten, als seien sie aufzuhalten. Schnell gingen sie nicht, aber stoisch und entschlossen. Etwa 20 waren es, und die in ihrer Mitte trugen einen von ihnen auf ihren Schultern. Er war tot.

Rund eine Stunde arbeitete Tim sich durch das Wegegeflecht, blickte viel zu weit in Häuser, wurde in Verkaufsgespräche für Seide und andere Waren verwickelt, kletterte unter Wäscheleinen durch, lehnte Souvenirs ab, stieg Treppen hinauf, bis er zwischen zwei Bauten den Fluss wiedersah. Er wollte dorthin. Er verlief sich, ging im Kreis, trat in Sachen, in die er nicht treten wollte, und landete schließlich auf einem Dach, von dem aus er den Fluss direkt sah. Er setzte sich mit Blick zum Wasser. Er ließ die Beine die Mauer herunterbaumeln, sich von der inzwischen recht hoch stehenden Sonne wärmen, hörte den Lärm der Stadt nur noch schwach hinter sich und schaute auf das bunte Treiben am Ufer und auf dem Wasser.

Jeden Tag kamen Menschen hierher und erlebten den heiligsten Tag ihres Lebens. Jeden Tag wuschen sich Alte und Kinder in dem trüben Wasser, in das ein paar Meter flussaufwärts Überreste von verbrannten Leichen geworfen wurden. Kühe schwammen neben Menschen, angeblich gab es hier sogar Flussdelphine. Was aßen die? Nirgends zuvor hatte Tim Leben und Tod so nah beieinander gesehen. Der Tod war sichtbar, er war Teil des Lebens. Tim beruhigte das.

Erstmals fiel ihm in diesem Moment das andere Ufer des Ganges auf. Auf Tims Seite lag die Altstadt, die Ghats, hier tobte das Leben. Auf der anderen erstreckte sich bis zum Horizont eine unbewohnte Ebene, eine Art Steppe. Nur vereinzelt waren dort Menschen zu sehen. Sie kamen in kleinen Gruppen oder einzeln den langen Weg vom Horizont, über die Ebene, zum Wasser und badeten dort oder knieten einfach nieder.

So unendlich das undurchschaubare Geflecht aus Gassen, Menschen und Tieren auf dieser Seite war, sosehr man allein hier mehrere Wochen verbringen konnte und jeden Tag eine neue Ecke sehen und etwas Neues über die menschliche Existenz lernen konnte, sosehr fragte Tim sich ab diesem Moment, was das da war auf der anderen Seite. Wohin führte diese Ebene, die im Dunst der Luftverschmutzung nur milchig zu sehen war und eigentlich nichts zu bieten hatte außer einer kleinen, schemenhaft zu erkennenden Hütte, die ziemlich weit weg, nah dem Horizont lag? Ansonsten gab es dort nur kilometerweite Leere.

Tim verlängerte seinen Aufenthalt in Varanasi. Jeden Tag fuhr er morgens zu den Ghats, jeden Tag suchte er seinen Weg zu der Stelle auf dem Dach und setzte sich dort hin. Jeden Tag schaute er stundenlang auf diese Ebene auf der anderen Seite des Flusses. Die Abgase des Lebens in Varanasi taten ihm nicht gut, das merkte er. Kopfschmerzen, Schwäche, ein mildes Gefühl der Betäubung hatte er permanent. Aber er blieb und kam immer wieder an diese Stelle zurück.

Bis er an einem Morgen aufstand, zum Ufer hinunterging, um eines der seit Tagen sekündlich auf ihn einprasselnden Angebote für eine Bootsfahrt anzunehmen. Der Bootsfahrer traute seinen Ohren nicht, als Tim sagte, dass er keine der üblichen Touren wollte. »Aber da ist nichts! Hier, auf dieser Seite. Die Ghats! Die Stadt!« Tim beharrte auf seinem Plan.

Das Wasser plätscherte leise am Bug, als sie sich dem anderen Ufer näherten. Der Bootsmann fragte immer noch, ob Tim nicht lieber die anderen Sehenswürdigkeiten sehen wolle. Er schüttelte mit dem Kopf. Ruhig war es. Das Wasser schimmerte braun unter ihm. Keinen Zentimeter war es transparent. Auf der anderen Seite des Flusses reichte Tims Sicht jetzt schon ein bisschen weiter. Er konnte sehen, dass auch hinter der Hütte nichts war außer freier Fläche.

Fast auf der anderen Seite angekommen – das Wasser wurde schon flach – passierte das Boot ein paar Frauen. Zwei alte, zwei etwas jüngere. Sie badeten. Sie standen im Fluss und gossen immer wieder aus kleinen Kupfergefäßen Wasser über ihr Haupt. Sie badeten ihre Kopftücher, eine wusch sich mit Seife in dem matten, undurchsichtigen Nass. Sie sprachen nicht. Das knapp an ihnen vorbeifahrende Boot schien sie nicht zu stören.

Tim gab dem Bootsmann die Hälfte des vereinbarten Geldes. Die andere Hälfte bekäme er auf der Rückfahrt. Der Bootsmann war nicht begeistert, signalisierte aber, dass er warten würde. Tims

Füße wurden nass beim Aussteigen. Je stärker er auftrat, desto tiefer sickerte er in den Morast ein. Er versuchte nicht darüber nachzudenken, was da feucht an seinen Füßen klebte. Nach ein paar Metern hatte er so etwas wie festen Boden unter den Füßen.

Endlich war er da. Der Schleier, der aus der Ferne zu sehen war, lag nun direkt in der Luft, die ihn umgab, und bedeckte zumindest leicht die hochgewachsenen Ufergräser und den rutschigen Boden. Tim ging los. Die Hütte, die er von der anderen Seite gesehen hatte, entpuppte sich als maroder und leerstehender Bretterverschlag. Gerade noch gut genug als Schutz bei starkem Regen, dachte Tim. Was er aber auch sah, war, dass sich die Ebene dahinter noch viel weiter erstrecke, als er angenommen hatte.

Flach, weit und karg lag dieser Fleck Erde da. Der Nebel, vereinzelte Menschen, ab und zu ein paar höhere Gräser. Sonst nichts. Soweit die Augen blicken konnten. Was war das hier? Tim hatte das Gefühl, er wandere durch eine entrückte Landschaft außerhalb von Raum und Zeit. Ihm war nicht heiß oder kalt, die feuchte Luft war schwer, aber nicht unangenehm. Es wehte kein Wind. Ein paar Stimmen hörte er ab und an in der Ferne.

Er war bestimmt schon eine halbe Stunde unterwegs, als sich die Szenerie langsam zu ändern begann. Der Boden wurde fester, das Gras flacher und dichter. Irgendwann erreichte er eine Straße bzw. das, was davon übrig war. In der Mitte bestand die Fahrbahn noch aus Teer, an den Rändern war sie eine Schotterpiste. Es war offenbar die Hauptstraße einer kleinen Siedlung, zumindest schloss Tim das aus dem Umstand, dass hier ein paar Häuser standen und die anderen, von hier abgehenden Wege komplett unbefestigt waren. Er überquerte die Teerstraße und ging weiter geradeaus in eine Seitenstraße, die nach einer Weile einfach an einer Freiebene endete.

Er ging geradeaus. Er spazierte über ein Feld, auf dem in einiger Entfernung nichts weiter zu sehen war als ein kleines Betonhaus. Es musste eine Art Bauruine sein. Unverputzt und grau stand sie da, als Tim näherkam. Kein Zeichen von menschlichem Alltag war zu erkennen, generell war nichts außer totem Feld in Sichtweite, und die absolute Stille bestätigte Tim schließlich in der Annahme, dass dieser seelenlose Würfel unbewohnt war.

Ihm passte das ganz gut, ein wenig Schatten in der nun doch aufkommenden Mittagshitze schienen ihm sinnvoll. Er ging auf das Gebäude zu, als sein Blick auf einen dicken, dunklen Schlauch fiel, der etwa zwei Meter lang an der Rückseite der Hütte herauslag. Schlaff lag er auf dem Boden. Das Material dieses Schlauches hatte Tim noch nie gesehen. Das war kein Gummi, aber auch kein Seil oder Leder.

Gerade als er die Türschwelle der Hütte betreten wollte, blieb er stehen. Denn plötzlich zog ihm ein stechender Gestank in die Nase, der so stark war, dass er reflexartig zurückwich. Er hatte so etwas noch nie gerochen. Nicht einmal, als in Varanasis Innenstand die Leichen an ihm vorbeigetragen wurden. Er überlegte eine Weile. Dann zog er sich sein T-Shirt über die Nase und tastete sich Schritt für Schritt vor. Er sah, dass die Tür ebenso wie das eine Fensterloch daneben abgedichtet war von einem grauen Stoff, einer Art Fell. Dunkelgraues, glänzendes Fell.

Das Fell wölbte sich alle paar Sekunden ein wenig nach außen und dann wieder nach innen, wie Tim nun erkannte. Er ging links um eine Ecke des Hauses herum und fand ein weiteres Fensterloch, immer noch mit dem T-Shirt vor seiner Nase. Selbst als er fast genau davorstand: Es war nichts zu sehen, nur dieser graue Stoff, mit dem die Hütte von innen komplett isoliert sein musste. Links von ihm war noch ein Fenster. Dort war kein Fell. Tim sah durch die Öffnung in ein Dunkel. Erst als er sich an die Dunkelheit gewöhnt hatte, erkannte er mehr von dem Pelz und ein Paar Augen, das sich jetzt öffnete und ihn ansah.

Vor ihm richtete sich ein riesiges Biest von Ratte auf, bewegte seinen Kopf in Tims Richtung, öffnete sein Maul und stieß einen gellend lauten, spitzen Schrei aus, der ihm durch Mark und Bein fuhr. Der bestialische Gestank aus dem Maul des Viechs machte ihn fasst bewusstlos. Er fiel auf den Rücken und krabbelte mit Hilfe seiner immer wieder in der nassen Erde wegrutschenden Füße und Hände – immer mit Blick auf die Hütte – Meter um Meter weg.

Die Steine der Hütte wackelten, denn das Ding stand jetzt auf und war zu groß für das Haus. Die Mauern brachen zur Seite weg, einzelne Steine schossen heraus, das Dach rutschte seinen Buckel herunter. Es drehte sich zu Tim. Es fixierte ihn und schrie ihn so schrill und hasserfüllt an, dass er aufsprang und so schnell er konnte zurück zum Fluss rannte. Er drehte sich um. Das Biest schien zurückzubleiben. Es schrie immer wieder. Den ganzen Weg lief er. Völlig ausgelaugt erreichte er das Boot, gab dem Fahrer das restliche Geld und signalisierte deutlich, dass er sofort zurückwollte. Ob er nicht lieber erst zur Seidenfabrik seines Bruders ... »No! Go home! Now!«, schrie Tim.

Das Wasser plätscherte leise am Bug, als sie sich vom Ufer entfernten. Benommen blickte Tim auf die trübe Ebene, sah einige Personen in der Ferne zum Fluss gehen und dann eine Gruppe Frauen, die sich im Ganges wusch. Eine von ihnen, so schien ihm, schaute ihn an. Es war eine ganz in schwarz gekleidete Frau. Ihr schwarzer, nasser Umhang glänzte im trüben Sonnenlicht. Er behielt sie im Auge, bis sie nur noch ein dunkler Punkt am Horizont war. Selbst als er sie nicht mehr erkennen konnte, blickte er noch in ihre Richtung. Er wusste, dass sie ihn noch fixierte.

Er sprang vom Boot, ging schnell die inzwischen stark belebten Treppen zur Altstadt hinauf, grub sich wie ferngesteuert durch die chaotischen Massen, schnappte sich ein Taxi und fuhr ins Hotel. Er duschte, legte sich hin und sah die Decke seines Zimmers an. Licht, Feuermelder, Sprinkleranlage, weiß. Licht, Feuermelder, Sprinkleranlage, weiß. Am Abend erwachte er, aß etwas und schlief sofort wieder ein. Am nächsten Tag reiste er ab.

Stundenlang saß er im Flughafen von Neu-Delhi und musste auf seinen Anschluss warten. Selbst hier schmeckte er die Luftverschmutzung auf seiner Zunge. Wie Blei lag das Gift in seinem Mund und seinen Lungen. Trotz der Klimaanlagen vernebelte es sein Gehirn, das etwas wehtat. Tim saß an einer Säule und schaute auf den polierten hellen Boden. Sauberkeit. Stundenlang starrte er auf den polierten, hellen Boden, bis er einsteigen musste. Im Flieger wurden die Kopfschmerzen so stark, dass ihm eine Stewardess eine Kopfschmerztablette und einen Becher Mineralwasser brachte. Er hasste Wasser mit Kohlensäure, er kannte den Namen der Tablette nicht. Er nahm beides zu sich. Schon als der Flieger sich vom Gate wegbewegte, schlief er ein.

SCHLAF

Ein Tisch. Ein schlichter Krankenhaustisch in einem Krankenhausflur in einer Ecke. Ein runder, kleiner Kunststofftisch in Birkenholzfarbe, dazu zwei praktische Stühle mit buntem, leicht zu reinigendem Bezug. Auf dem Tisch eine Vase mit zwei Blumen, die man beim Blumenhändler als »etwas Freundliches« bestellen würde. Lange haltbar, zwischen gelb, orange und rot. Sie ragten aus der schmalen Glasvase, um so etwas wie Farbe oder Wärme, so etwas wie Leben zu versprühen. Breit war der Flur, damit die Betten durch ihn durchgeschoben werden konnten, zur Not zwei aneinander vorbei. Auf Hüfthöhe waren Schutzleisten wegen eben dieser Betten angebracht, der Boden war der einer Turnhalle: Grüngrau glänzte er, als würde er jeden Tag stark genutzt und gefeudelt.

Stundenlang saß Tim dort. Stundenlang dieser Anblick, der trist war aber nicht schlimm. Denn die lieben Schwestern holten mit dem Blumenschmuck das meiste heraus aus dem sterilen Ambiente und den knappen Mitteln. Sie mussten das nicht. Sie hatten genug zu tun mit den ernsthaften Krankheiten, der Pflege von viel zu vielen Menschen, die mit dem Tod rangen. Aber sie wollten es.

Schwester Petra – mit ihren schlechten Zähnen und den riesigen Augenringen – grüßte Tim. Jeden Tag, den er hier war, schuftete sie mit ihrem ausgemergelten, alten Körper um ihn herum, fand Worte für schlimme Schicksale, schob fette Mittelstandsschweine in den Aufzug zum OP, hatte für jeden ein Wort, einen Blick.

Schwester Tanja – mit ihrem Übergewicht, das sicherlich auch etwas zu tun hatte mit ihrem Schichtdienst, mit ihren drei Kindern, über die sie mal im Schwesternzimmer geredet hatte, als Tim davor wartete – Schwester Tanja war der Sonnenschein der Station. Immer wieder hob sie die Stimmung in jedem einzelnen Patientenzimmer mit ihrer so schnell nach oben springenden Stimme, als sie schwungvoll die riesige Tür aufstieß und darin verschwand. Sie brachte Leben. Ob sie die Rolle des Sonnenscheins aus Alternativlosigkeit, Naturelle oder Verzweiflung angenommen hatte, wusste Tim nicht. Es spielte auch keine Rolle.

Tanja war es, die Tim immer wieder aufs Neue anlächelte, als sie an seinem Tisch vorbeikam. Sie führten sogar ab und an etwas Smalltalk. Situationskomik, alltägliches, als sei alles in Ordnung. Und irgendwie war es das ja auch. Hier wurde Tim erstmals klar, dass der Tod zum Leben gehört. Gar nicht dramatisch oder schlimm. Ganz schlicht. Natürlich traurig in dem Moment, als er kam, aber der Tod war das einzige, das sicher passieren würde. Wobei: Noch eine andere Sache war sicher: dass es danach weitergeht für die Zurückgelassenen. Ob sie wollten oder nicht. Auch das: gar nicht spektakulär. Keine Violinen, keine amerikanischen Orchester-Töne, keine seichten Folksongs, keine Volltotalen oder andere Sentimentalitäten.

Menschen wurden in diesen Häusern geboren und einige von ihnen kamen wieder hierher zum Sterben.

Nur wollte Tim sich damit beschäftigen? In so jungen Jahren? »Es gibt keine Schuld, keinen Grund«, hatten sie ihnen gesagt. Und als der Tränenfluss auch nach Minuten nicht stoppen wollte, fügte die Ärztin noch an: »Vielleicht trifft es sie, weil sie stark genug sind.« Stark genug. Wer behauptete das? Wer hatte sich angemaßt, das zu behaupten? Kannte dieser jemand das hier? Den runden Mehrzwecktisch auf einem Funktionsstuhl vor einer Vase mit zwei Grabblumen auf einem sterilen Krankenhausgang? Wartend?

Tim hatte sich Stärke immer anders vorgestellt. Muskeln, physischer Schmerz, Erschöpfung, ein Event des gemeinsamen Aufbäumens, des sich in die Augen Sehens und dann so einen Slogan schmettern wie: »Wir schaffen das!« All das war bereits 30 Minuten nach der Diagnose passiert. Als sie benommen vor Angst und Schock zu irgendeinem Taxi getorkelt waren. Als sie zum ersten Mal nicht darüber diskutierten, ob sie nicht doch lieber etwas länger Bahn fahren sollten durch diesen nassen Herbstabend und das Geld sparen. Wie oft sie sich wegen so einer Scheiße fast getrennt hatten. Wegen Geiz. Doch das war ein Relikt aus einer vergangenen Zeit. Nostalgie. Vorbei. Das alte Leben war vorbei. Seit 30 Minuten. Alle Probleme die sie jemals hatten, waren keine Probleme mehr. Und nichts daran war erleichternd.

Das waren die wenigen Stunden, in denen der Kampf so war, wie man sich das vorstellt. Das Festhalten, das gleichzeitig Weinen, das sich in die Augen schauen, die Liebesschwüre, das Leugnen, das Hassen, dass Annehmen, das glauben an ein gutes Ende. Doch es endete nicht. Nie kam ein Abspann, nie eine Auflösung, eine Erlösung, irgendeine Lösung – egal ob gut oder schlecht. Nichts kam. Es ging einfach weiter. Es wurde Alltag. Es nistete sich ein in ihr Leben. Jeden Tag drehte sich alles darum, aber nicht spektakulär. Wie ein Parasit, der nur langsam das Blut absaugt, damit sich immer wieder neues bildet, das er dann auch noch haben kann.

Untersuchungen bei einem Dutzend Ärzten, das Sehnen und Flehen nach klaren Perspektiven und Tatsachen, das Aufgeben der Würde, das Erzählen der immer gleichen Geschichte und Anhören der immer gleichen Zusprüche und Mitleidsbekundungen. Die dummen Tipps, die guten, die trotzdem nicht halfen, das Warten. Das Warten. Immer wieder das Warten. In Zimmern, zuhause, am Telefon, im Bett, im Bad – immer Warten. Und jeden Morgen wenn man aufwachte die Erkenntnis: Es ist nicht vorbei. Es ist nicht besser. Es ist kein neuer Tag. Es ist derselbe.

Es war auch kein schweißtreibender Todeskampf, kein leidvolles Ringen mit dem Ende, kein fokussierter Krieg. Es war viel schlimmer. Viel länger, viel trister, viel erniedrigender weil auf Dauer zermürbender. Ein ewiger Winter im Sommer der anderen. Immer das normale Leben vor Augen. Überall Menschen, die lebten und sich über Banalitäten beschwerten oder allen ins Gesicht schrien, wie glücklich sie waren. Kinder, die geboren wurden, Partys, die durchgetanzt wurden, Jobs, über die sich beschwert wurde und er. Mittendrin. Ihr einziger Verbündeter. Das dreckige Schwein. Das leben durfte. Zumindest theoretisch. Der Mülleimer. Niemals voll, immer da, schuldig.

Sie liebten sich. Das war klarer als vorher. Darum saß er hier und stellte das alles nicht einmal unbewusst infrage. An diesem Tisch, auf diesem Flur, wartend, bis sich die riesige Fahrstuhltür am Ende des Ganges öffnete und ihr Bett herausgeschoben wurde. Zurück aus dem OP. Ein Schlaf, der kein Schlaf war, wie ihr schlaffes Gesicht verriet, auch wenn sie langsam wieder aufwachte. Dafür war sie ja im Aufwachraum gewesen. Mit den ganzen anderen Halbtoten, die da herumlagen, wie in einem Wartesaal zur Hölle. Bis sie die Augen öffneten. Im Neonlicht, in Massen, in Angst, in Hilflosigkeit, in Ungewissheit.

Ob er nicht lieber im Zimmer warten wollte, hatte Schwester Tanja ihn immer wieder gefragt. Er nippte am viel zu kohlensäurehaltigen Mineralwasser aus einem Senfglas, zog seine Mundwinkel nach oben und schüttelte den Kopf. Er konnte nicht in einem Zimmer ohne Bett warten. Ein Zimmer, in dem das Bett fehlte. Den Blick ständig auf diese Stelle gerichtet, an der es normalerweise stand, an der Wand. Wo offensichtlich etwas fehlte. Ein Telefon, Knöpfe und ein Beistelltisch waren da, die alle überhaupt keinen Sinn ergaben, weil das Bett fehlte. Abdrücke auf dem Boden, da wo es stand. Er schaffte das nicht.

Manchmal, wenn es gar nicht mehr ging, stand er auf und ging. Am Schwesternzimmer vorbei zum Fahrstuhl. Er fuhr nach unten, sah sich in der matt spiegelnden Schiebetür. Relativ gut sah er noch aus. Der Weichzeichner aus zerkratztem Metall machte es möglich. Die Tür öffnete sich, er ging am Kiosk und der Desinfektionsstelle, der Schiebetür und den ganzen Rauchern in Gips vorbei in den Park vor dem Krankenhaus. Innerhalb von fünf Minuten hatte er ihn durchkreuzt. Er ging auf den Parkplatz, zu dessen Ende, einen Trampelpfad entlang, der von dort abging, zur Rückseite des Krankenhauses. Wieder eine Grünfläche. Er schlurfte über den Rasen, kam an einen Zaun. Eine Koppel. Kühe. Sie mochten Tiere.

Gemächlich kauend arbeiteten sich die Kühe über das Gras. Eine kam ihm näher. Fraß, schnaubte, streckte ihre Schnauze zu ihm aus. Nass und rosa war sie. Tim hob seine Hand und spürte kurz ihren warmen Atem. Er strich ihr über den Kopf, bis sie sich wegdrehte, so dass er ihr rechtes Auge sah. Wirr und starr glubschte es aus dem Schädel des aus der Ferne so niedlichen Tieres. Verrückt starrte es weit aufgerissen ins Nichts.

Stundenlang tötete er die Zeit, schlenderte umher, aß irgendetwas in der Cafeteria, schaute sich irgendwelche Bilder von lokalen Künstlerinnen an, die in den Fluren hingen, blätterte in Broschüren.

Die Toten und Kranken sieht man nicht in der normalen Welt. Die Toten und Kranken sind woanders. Sie sitzen oder liegen in Häusern wie diesen oder zuhause. Irgendwo, wo man sie nicht sieht. Nicht nur weil man sie nicht sehen will, aber auch. Man geht durchs Leben, sitzt in der Bahn, schaut Fern, man lebt und man merkt nicht, dass man lebt. Die Kaputten, die sieht man nicht. Aber sie sind da. Am Rand.

Der größte Irrtum sollte immer noch folgen. Monate später. In den Armen hatten sie sich gelegen. Minutenlang. Endlich. Ein Anruf, ihr Blick beim Zuhören, ihr fragendes Gesicht, ihr verwirrtes, ihr denkendes Gesicht, ihr nicht kommendes Lachen, die Tränen, die aus ihren Augen flossen, und er, der nicht wusste warum. »Was? Was ist?« – »Können sie das bitte wiederholen? Warten sie, ich mache den Lautsprecher an.« – »Na gut«, sagte die durch die Leitung verzerrte, dünne Schwesternstimme. »Der Befund weißt keinerlei Auffälligkeiten auf, weshalb davon auszugehen ist...«

Es war der Moment, auf den sie seit Tag eins gewartet hatten, seit sieben Monaten. Es war vorbei. Es war weg. Es war geschafft. Missen hätte Tim diesen Moment nicht wollen. Der Mensch braucht Ziele, er braucht Belohnung, und das war das Beste, was hätte passieren können. Sie hatten gewonnen. Gesiegt. Sie feierten nicht. Er ging zur

Arbeit, sie rief ihre Liebsten an und abends verbrachten sie einen ganz normalen Abend. Ganz normal. Wie normale Menschen. Ohne Angst. Mehr wollten sie nie wieder haben: in Frieden leben.

Es war zu viel verlangt. Die Zeit sollte es zeigen. Niemals wurde es wie vorher. Alles war anders. Wie Kinder in einer zerbombten Stadt liefen sie – oft jeder für sich – zwischen den Trümmern umher und suchten. Nach Vertrautem, nach Bekanntem, nach etwas, an dem sie ansetzen konnten. Alles war zerstört. Alles war anders.

Aus den Trümmern bauten sie etwas. Was blieb ihnen übrig? Sie mussten weiterleben. Sie bauten etwas anderes. Etwas Neues. Manchmal schafften sie es, all das zu vergessen. Es gelang immer öfter. Bis es wieder losging.

JAPAN

Tim stellte sich in die Schlange für den in exakt drei Minuten einfahrenden Zug und lauschte der Klangwelt eines japanischen Bahnsteigs. Vor allem die Melodien, die in regelmäßigen Abständen aus den Lautsprechern kamen, genoss er jedes Mal wieder aufs Neue. Es klang wie im Computerspiel, wenn ein Zug angekündigt wurde. Mit kleinen Variationen von Station zu Station: entweder als hätte Super Mario gerade ein Level gemeistert oder als träfe er die Liebe seines Lebens. Alles friedlich, alles positiv, alles in Dur.

Und damit nicht genug. Das Signal zum Einsteigen klang wie das Aufploppen eines Bonustalers, und auch allgemeine Lautsprecheransagen wurden eingeleitet durch eine liebliche Keyboardmelodie, die sämtliche Kleinkinder, die Tim kannte, sofort zum Einschlafen gebracht hätte. Fast kitschig, aber in erster Linie einfach lieblich, warm, freundlich, beruhigend.

Tim liebte Japan, wenn auch er diese Liebe erst langsam hatte entdecken sollen. Jeden Tag, jeden Moment ein bisschen mehr. Japan sprang nicht vor sein Gesicht und schrie ihn an. Japan war einfach da. Ganz leise, selbstverständlich und unscheinbar baute sich diese dezente Parallelwelt um ihn herum auf. Wie oft war er schon ausgestiegen an anderen fremden Orten und hatte die Fremde unmittelbar gespürt. Die Hitze, den Geruch, den Lärm, die Menschen. Und wie oft stieg er im Laufe der Zeit vor Ort mehr und mehr dahinter und verstand, dass letztlich die Basis des Zusammenlebens immer dieselbe war.

Japan war anders. Je länger er an einer Stelle in Japan stand, je länger er ganz normale Interaktionen zwischen Menschen beobachtete, je genauer er hinhörte, desto mehr wunderte er sich. Oft nicht spektakulär, er war auch nicht zutiefst erschüttert – ganz unterschwellig. Durch die Details wurde alles seltsam, und in Tim stieg das wohlige Gefühl auf, dass die alltäglichsten Momente in diesem Land wie die vielzitierten Eisbergspitzen waren. Über der Oberfläche hinreißend, schön und stabil, darunter eine viel größere Dimension, ohne die das über dem Wasser nie existieren würde. Jeder Moment war eine Weltreise, jede Begebenheit der potenzielle Startpunkt einer Forschung im Ungewissen.

Wie konnte es sein, dass Menschen im fast selben Klima wie er lebten, dass Menschen zumindest augenscheinlich zu denselben Ergebnissen gekommen waren, wie eine Gesellschaft funktioniert – und doch einen ganz anderen Weg gegangen waren, um diesen Zustand zu erreichen? Wie konnte es sein, dass ein Land, in dem die Anzahl der Getränkeautomaten gefühlt die Einwohnerzahl überstieg, Tim mehr menschlichen Trost gab als jede Feier oder Party zu Hause? Er wusste, er würde das niemals ganz herausfinden können. Es war die beste Erkenntnis der letzten Wochen.

Und so verbrachte Tim letztlich einen ganzen, langen Herbst in Japan. Er fuhr viel zu viel Bahn durch die meist eng bebaute Landschaft, aus der sich vor allem gen Westen dann doch immer wieder grün bewachsene Hügel erhoben. Er schlief auf diesen Strecken so sicher wie er es sich nie hätte vorstellen können bei über 300 km/h. Er ließ sich treiben durch das funkelnde Chaos Tokyos, genoss als Einziger den Überblick in den überfüllten U-Bahnen (er war immer der Größte). Und er gab sich Kyoto hin – einer Stadt, die ihn in ihrer Schönheit, in ihrer perfekten, unaufgeregten Melange aus Moderne und Historie fast zu Tränen rührte.

Oft passierte er öffentliche Plätze, Kreuzungen oder Parks und fühlte sich so wie auf einem riesigen Spielplatz. So perfekt waren diese Orte gestaltet, so deeskalierend verhielten sich alle Menschen auf ihnen und so lieblich klang alles. Sogar die Bushaltestellen begrüßten ihn mit einem freundlichen Ton, wenn er an ihnen vorbeiging. Das war keine Einbildung. Er testete das mehrmals.

Unzählige Abende schlenderte Tim zudem durch Gion, das Geisha-Viertel Kyotos. Er bekam nie genug davon zu überlegen, was hinter den holzverkleideten Fenstern, im warmen Licht der kleinen, miteinander verwachsenen Häuser passierte, von denen keines höher war als zwei flache Stockwerke. Jedes erzählte eine eigene Geschichte, zusammen waren sie dennoch eins. Wer dort lebte, fragte er sich. Wie lebte man dort? In diesen kleinen, unmöglich nachzubauenden Enklaven einer Gesellschaft, die er nie ganz verstehen würde.

Eines Abends – er stand in einer der schmalen Seitengassen des nur durch die kleinen Lampen an den Hauseingängen beleuchteten Gions – hörte er ein metallenes Schiebeschloss irgendwo hinter sich aufgehen. Tim wich zurück, stellte sich mit dem Rücken an eine Hauswand in derselben vorauseilenden Rücksicht, die er hier in Japan gelernt hatte. Eine Tür, etwa 20 Meter von ihm entfernt, öffnete sich kurz und heraus huschte eine Geisha.

Während sie sich umdrehte, um die Tür zu schließen, stand Tim da wie gelähmt. Er spürte seinen automatisierten Kamerareflex. Seine Hand griff wie ferngesteuert zu dem Apparat, den er stets bei sich hatte. Das war genau die Situation, auf die jeder Fremde in Gion jeden Abend lauerte. Wie oft hatte Tim in weiter Entfernung die Blitzlichtgewitter gesehen von Franzosen, Deutschen, Amerikanern, Chinesen oder allen anderen, die eine Geisha erspäht hatten und sie nun mit ihrem penetranten Geknipse terrorisierten und auf hunderte Meter hinweg ankündigten.

Meist während oder kurz nach der Dämmerung eilten die bleichgeschminkten, wunderbar zurechtgemachten Damen in kleinen, schnellen Schritten zu ihren Terminen. Und die Meute hinterher. Ansprechen, gaffen, blenden. Für den einen Moment, den die Touristen zu Hause in ihren Wohnzimmern allen zeigen wollten. Von etwas Echtem, das es nur hier gab. Die Geishas schwiegen und tippelten stoisch mit einem jahrelang geschulten, starren Blick ihres Weges.

Nun drehte sie sich weg von der Tür und machte sich auf den Weg. Sie ging auf Tim zu. Wunderbar gekleidet, mit ihrem mysteriösen, weißen Gesicht, kompliziert hochgesteckten Haaren, den charakteristischen roten Lippen, einer kleinen Tasche auf dem Arm, in einer perfekt beleuchteten Seitengasse, zwischen malerischen kleinen, spärlich beleuchteten Holzhäusern. Weit und breit kein Mensch in Sicht. Sie ging auf Tim zu.

Er konnte nicht. Er ließ die Kamera, wo sie war. Und stand mit dem Rücken zur Häuserwand und schaute nach unten. Voller Ehrfurcht machte er Platz für eine Form der Schönheit, der Grazie, der Haltung und der schlichten Perfektion einer Version des menschlichen Seins. Ein rund zwei Meter großer Mitteleuropäer wich einer im Vergleich zu ihm zierlichen asiatischen Frau – einem Kunstwerk – aus.

Aus den Augenwinkeln sah er sie kurz an, als das Tapsen ihrer Holzsandalen näherkam. Und kurz folgten auch ihre Augäpfel dem, was sie da passierte. Und, es mag Einbildung gewesen sein – aber für einen Moment gingen ihre Mundwinkel nach oben und die Lider über ihren dunklen Pupillen schlossen sich langsamer als sonst.

Sie bog um eine Ecke nach rechts ab und verschwand. Nach ein paar Sekunden sah Tim über den Dächern die Blitze, das lauter werdende Gerede und Gestaune, das sich dann nach und nach von ihm Entfernte. Er blieb noch eine ganze Weile stehen in der einsamen Gasse. Irgendwann schaute ein wirrer Europäer, seine Kamera in der Hand wie ein Maschinengewehr, kurz um die Ecke. Mit weit aufgerissenen Augen suchte er die Straße ab und sah nur Tim. Der Europäer verschwand wieder. Tim blieb.

Japan beruhigte Tim auch, weil er nichts verstand. Überall gab es Informationen in Form von Lautsprecheransagen, Schrift, Schildern, Personen – und er verstand fast nichts davon. Und so konnte er selbst in Tokyos Hipster-Viertel Shibuya gleichzeitig mit eintausend Menschen diagonal über eine Kreuzung hasten oder in einer der brüllend laut beschallten, fast in Stakkatolicht erstrahlenden Spielhöllen stehen – er war entspannt.

Und gleichzeitig angewiesen auf andere. Was ihn immer wieder die Hilfsbereitschaft der Japaner spüren ließ. Einmal kam ihm eine

Frau aus einem Drogeriemarkt hunderte Meter nachgerannt, weil sie sich bei ihrer Wegauskunft geirrt hatte. Er hatte sie schon längst vergessen, als sie vor ihn spurtete, sich mehrmals verbeugte und vielleicht gerade den Ärger ihres Lebens bei ihrem Job riskierte, um eine Banalität zu berichten.

Rund vier Wochen nach seiner Begegnung in Gion stand Tim auf dem Fischmarkt in Tokyo und fragte mal wieder nach dem Weg. Früh war er heute aufgestanden, um das Treiben zu beobachten. Die Händler, die frische Ware, die riesigen Thunfische, die für astronomische Summen den Besitzer wechselten, die grandiosen Restaurants. Dort zu essen sollte den Besuch in Sushi-Restaurants in Amerika oder Europa für Tim für immer unmöglich machen. Die Sushi-Bars hier waren kleine, unscheinbare, teils winzige Läden am Pier, oftmals nur mit einem schmalen Tresen. Aber die Wartezeiten betrugen teils fünf Stunden, und niemand beschwerte sich, vor allem nicht danach.

Tim war wieder etwas unruhiger geworden in den letzten Tagen. Es wühlte in ihm. Frau Sorge war wieder öfter da. Er verstand nicht warum, aber er sah sie wieder öfter in letzter Zeit. Unvermittelt, ungefragt, ungewollt. Mit Logik hatte ihr Erscheinen offenbar nichts zu tun, solange sie ihm allerdings nicht zu nahe kam, akzeptierte er ihre Anwesenheit wohl oder übel. Er riss sich zusammen. Aber wie dankbar war er inzwischen für jede Sekunde, in der er unbeschwert so etwas wie Glück spüren konnte.

»Where you from?«, fragte eines der drei Mädchen, die – Tim erkannte es an ihren Uniformen – wohl im Auftrag ihrer Schule hier waren. Es war schließlich gerade erst 8 Uhr. Die Antwort war die, die er immer gab. Ein allgemeines »Ohhh« folgte auf seinen Herkunftsort und vor allem auf seine Antwort auf die Frage, wie lange er schon unterwegs sei. Und während er sein Grundprogramm abspulte und die Girls ein wenig Englisch übten, spürte er, wie es durch sein Rückenmark seine Wirbelsäule hinaufschoss.

Er machte sich zunächst noch keine großen Gedanken. Er kannte diese Situationen der Dunkelheit. Er redete wie ferngesteuert weiter, die großen braunen Augen der Kinder folgten seinen Worten, während sein Unterbewusstsein längst auf Kriegszustand umgeschaltet war. Alle seine Taktiken wandte er an, während er nach außen hin weiter funktionierte. Sie verpufften. Aber anstelle des schwarzen Sees der Angst, in den er sonst in diesen Momenten immer hineinfiel, ließ es ihn dieses Mal am Ufer stehen.

Er konnte alles sehen. Es lag vor ihm. Alle seine Fehler, Verfehlungen, sein mickriges Selbst, die verpassten Möglichkeiten, sein ganzes verpisstes Leben. Still und dunkel schimmerte das Seewasser im Licht des schwarzen Mondes. Er blickte nach links zu der Restaurantzeile, aus der er gerade noch herausgekommen war nach einem super Essen. Er blickte nach rechts zu der Verkaufshalle. Zwischen den Paletten mit Waren, zwischen den wegen des Lärms wild gestikulierenden Händlern sowie schnell hin und her fahrenden Gabelstaplern stand sie. Frau Sorge.

Ganz in Schwarz und zwischen zwei mit weißen Styroporkartons beladenen Paletten stand sie so positioniert, dass sie außer Tim niemand sehen konnte. Sie starrte ihn an. Es durchfuhr ihn bis in die dünnsten Spitzen seiner Adern. Und es riss ihn nach oben. Seine Füße blieben auf dem Boden stehen, aber sein Kopf und sein Gehirn schnellten rund 200 Meter nach oben in die Höhe. Und sein Skelett wuchs mit. Seine Wirbelsäule entrollte sich rasend schnell auf diese unfassbare Länge, während die einzelnen Wirbel förmlich explodierten in ihrer Größe.

Er schaute an sich herunter und sah die Schulkinder schreiend weglaufen vor seinen zu riesigen, mit einer Art Schlangenhaut bedeckten Füßen. Ein Mädchen hing mit ihrem Rock fest unter einer seiner gebogenen Krallen. Er entschuldigte sich, aber er konnte nicht mehr sprechen, nur noch brüllen. Er wollte flüstern, schrie aber so laut, dass sein Trommelfell fast platzte. Seine Füße und Hände sahen jetzt aus wie die von einem Krokodil.

Er schaute seine rechte Pranke an und blickte wieder hoch. Er schaute in die Weite und konnte ganz Tokyo übersehen. Die unzähligen Hochhäuser, die Straßen, die Menschen. Links dahinter, in der Ferne, ruhte der Fuji. Wunderschön lag er da mit seiner Schneekuppe und seiner für einen Vulkan perfekten, fast synchronen Form. Langsam sammelten sich die Wolken an diesem Abbild eines Berges. Oft konnte man ihn nur morgens in voller Pracht sehen. Von unten zumindest. Dann verstecke er sein schüchternes Haupt.

Als Tim sich umdrehte, entdeckte er weit in der Ferne des Pazifiks ein paar Inseln. Eine Inselkette. Mit seinen monströsen Augen zoomte er ran und sah einen bildschönen Strand, vor dem Surfer auf mächtige Wellen auf hellblauer See zuruderten. Hinter dem Strand thronten Hochhäuser und am Ende des Strandes ein grün bewachsener Vulkan. Palmen, lachende Menschen mit buntem Eis in der Hand, ein paradiesisches Bild, aus dem er von lauten Schreien gerissen wurde.

Unter Tim war Panik ausgebrochen. Die Menschen flüchteten vor ihm. Dabei hatte er genauso viel Angst vor sich wie sie. Ihm wuchs nun ein riesiger Schweif aus dem Rücken. Zacken hatte er an der Oberseite und war so schwer, dass Tim fast das Gleichgewicht verlor und drohte, nach hinten ins Hafenbecken zu kippen. Er taumelte und trat mit einem seiner Füße auf eine Lagerhalle, die zusammenbrach, woraufhin eine Sirene losheulte.

Es rauchte, es brannte, Panik, Angst, Schmerz, Verlust, überall. Ihm war zum Heulen zumute, als ihm bewusst wurde, was er angerichtet hatte. Aber anstatt zu weinen, schrie er brüllend laut aus seinem stinkenden Riesenmaul mit den scharfen, teils abgebrochenen Zähnen und dem giftigen Speichel, der aus ihm raustropfte, auf die Stadt hernieder. So laut und ekelhaft, dass nun auch die letzten mutigen Menschen da unten zurückwichen und vor ihm flohen. Ein gewaltiger Feuerstrahl brach aus seiner Kehle heraus. Von ganz tief in ihm kam das Feuer, und er konnte es nicht stoppen.

Immer wieder schrie und spie er, schlug um sich, schlug sich selbst und taumelte schließlich durch den Hafen hinaus ins Meer, wo er sich ersaufen wollte, um das verdammte Feuer in seinem stinkenden Maul zu löschen. Die Menschen vor ihm zu schützen. Er war das Böse. Er war Satan. Es war mit ihm verwachsen. Und endlich brach die dunkle, zornige Wahrheit aus ihm heraus. Er war es. Er zerstörte alles Gute. In ihm und um ihn herum. Menschen wendeten sich ab in Angst und Ekel. Würde er können, würde er vor sich selbst flüchten.

Endlich war es offiziell. Endlich war er allein, ragte über allen, und endlich war seine Hässlichkeit für alle auch aus der Ferne erkennbar. Er lehnte sich zurück und stieß einen Schrei aus, der so tief und laut und gleichzeitig schrill war, dass Scheiben zersprangen in den Hochhäusern auf dem Festland. Dass Menschen daraus fielen. Dass sich Wellen von ihm wegbewegten wie nach einem Erdbeben – und aufs Festland zurollten und alles zunichtemachten, was sich ihnen in den Weg stellte.

Viel zu viel Wasser schluckte er bei den Versuchen, sich zu ersaufen. Immer wieder bäumte er sich auf, um endlich den ganzen Hass rauszulassen, um sich entleeren, Erleichterung zu spüren, aber die

Quelle des Feuers schien unendlich. Helikopter kreisten um ihn und Japaner mit weißen Schutzanzügen und gelben Helmen schrien durch Megaphone auf ihn ein, aber er hörte sie kaum. Irgendwann schrie er selbst so laut und immer wieder, dass eine Ader in seinem Kopf platzte. Er spürte den stechenden Schmerz in der Stirn, die minimal kurze Erleichterung und dann das Blut, das in seinen Kopf und in seine riesigen Insektenaugen schoss.

 Alles wurde rot. Er drehte nun komplett durch. Verlor jede Kontrolle über sich und kippte rückwärts in den Pazifik. Alles wurde dumpf. Das Feuer blieb, wurde aber schon im Ansatz gelöscht von dem salzigen Wasser, das seinen Rachen herunterfloss. Riesige Rauchwolken stiegen aus ihm auf, die nur langsam schwächer wurden. Dann sah er Blau. Und kleine Luftblasen. Ein Thunfisch schoss an ihm vorbei und schwamm eine Schleife um ihn herum. Riesig war er und wunderschön mit seinem silbern schimmernden Körper, seinen gelben kleinen Flossen und seinen klaren Augen. Diese Grazie, diese Anmut, diese Kraft. Tim verlor das Bewusstsein.

Als er aufwachte und seine Augen noch nicht geöffnet waren, hörte er einen Vogel zwitschern. Selten hatte er in Japan Vögel zwitschern gehört, was er erst jetzt realisierte. Dieses grundlegendste Lebenszeichen anderer Zeitgenossen – selbst in den versiegelten Großstädten der USA war es noch ab und an zu hören gewesen. In Japan nicht. Tim genoss diesen Klang der Stille und der Natur. Bis sich eine ganze Weile später zuerst sein linkes, dann sein rechtes Auge wie ein Reißverschluss öffneten. Verkrustet waren sie – so lange hatte er offenbar geschlafen.

 Alles war unscharf. Alles schien zunächst gleißend hell. Draußen wartete die Sonne, er sah ihre Kraft durch ein Fenster. Der einfallende Lichtstrahl blendete ihn eine ganze Weile und zeigte den Staub, der in der Luft lag. Das Zimmer war komplett mit Holz verkleidet. Verzierungen waren in den Ecken und an der Decke eingeschnitzt, eine Uhr stand auf einer Anrichte vor einem Spiegel und tickte. Es war extrem ruhig. Tim war schwach. Er wollte an sich herunterschauen, ob zumindest äußerlich wieder alles in Ordnung war. Aber sein Kopf fiel sofort wieder zurück ins Kissen.

Eine Tür öffnete sich. Eine Frau mit asiatischen Augen, in einem weißen Kleid und mit eher halbkurzen als halblangen Haaren kam kaum hörbar herein. Sie grinste leicht, ihre Augenlider bewegten sich langsam, sie setzte sich an sein Bett. Sie griff seine rechte Hand und hielt sie. Bevor er wieder einschlief, flüsterte sie noch etwas in sein Ohr, das er nicht verstand.

Immer wieder wachte Tim kurz auf. Die Frau im weißen Kleid saß immer da oder kam herein, kurz nachdem er die Augen geöffnet hatte. Immer war es Tag. Immer schien das warme Tageslicht durchs Fenster in das Zimmer aus dunklem Holz. Immer zwitscherte der Vogel vor sich hin. Ansonsten schluckte das Holz jedes Geräusch.

Tim schlief und schlief. Er träumte viel in dieser Zeit. Wirres Zeug, an das er sich danach zum Glück nicht komplett erinnerte. Einmal schnellte er im Bett hoch, klappte zusammen wie ein Klappmesser, immer wieder. Er schwitzte, alle Muskeln an seinem Körper waren angespannt. Die Frau drückte sanft ihre Hand auf seine Stirn und seinen Kopf wieder zurück ins Kopfkissen. Sie legte die Hand erst wieder ab, als er sich beruhigt hatte.

Ob sie wusste, dass er ein Monster war? Dass er Menschen auf dem Gewissen hatte? Dass das Dunkel in ihm wohnte und noch schlimmer: dass es mit ihm verwachsen war? Dass er das Böse war? Dass er anders war als menschlich, dass er letztlich all jenen Leid und Trauer brachte, die ihm nahestanden? Egal wie sehr ihm das bewusst war und er es vermeiden wollte.

Sie lächelte mild. Und blieb bei ihm.

Er stand auf einer Brücke. Auf einer Betonbrücke. Hinter ihm rasten die Autos von links nach rechts und umgekehrt. Er lehnte über die ebenfalls aus grauem Beton gegossene, in etwa hüfthohe Brüstung und blickte nach unten. Eine weitere Straße. Auf der Straße stand eine kleine Traube von Menschen. Bei genauerem Hinsehen erkannte er sie. Allesamt. Es waren Freunde, Bekannte, Kollegen – alle, die in seinem Leben eine kleinere oder größere Rolle spielten.

Sie schauten hoch. Er öffnete die Arme und streckte sie von sich. Und die Brücke unter ihm verschwand. Sie löste sich einfach auf. Er schwebte. Und spreizte seine Beine etwas auseinander und hielt seine Arme weiter weit von sich und schwebte wie einer dieser Menschen, die von einem Berg sprangen und fliegen wollten oder eine Fledermaus sein wollten oder was auch immer. Aber er hatte keinen Gegenwind, keinen Fallschirm und bewegte sich auch nicht.

Er schwebte wie ein Stern und leuchtete und strahlte, und alle schauten ihn an und freuten sich und rückten ein bisschen näher zusammen. Er schwebte. Er war schwerelos. Und strahlte und leuchtete wie ein Stern. Und wachte auf im hölzernen Zimmer.

Sie lächelte mild. Und blieb bei ihm.

Nach einigen Wochen konnte Tim das Zimmer verlassen. Er bewegte sich in einem Gebäude, das sich als eine Art Labyrinth mit seinen unzähligen Gängen und Zimmern und Ecken und Stühlen entpuppte. Überall waren die Möbel, wie auch die Decke und die Wände, aus glänzend poliertem, dunklem Holz, immer war alles mit einem grünen, mit Gold verzierten Teppich ausgelegt. Immer war das Licht gedämpft, und nur ab und an begegneten Tim Menschen. Sie trugen denselben Bademantel wie er. Blickkontakt gab es kaum. Jeder ging seinen Weg der Besserung. Manchmal saßen sie nebeneinander, manchmal sahen sie sich Ewigkeiten nicht, und die meiste Zeit schlief Tim ohnehin. Als hätte er jahrelang nicht geschlafen.

»Wo fliegen Sie hin?«, fragte die Dame am Ticketschalter. Tim überlegte ein wenig. »Sir?« Dann sagte er ganz ruhig und ohne Eile: »Dahin, wo die Sonne mir den Weg weist. Dahin, wo ich an Gezeiten und an die Dämmerung gebunden bin. Dahin, wo ich nicht mehr verirrt bin, sondern frei zu irren. Frei zu lernen ohne Schuld.« Die Dame nickte, betörte ihn ein wenig mit dem Tippen auf ihrer Tastatur und reichte ihm ein Ticket.

MALI

Ibrahim saß im Schneidersitz am Feuer. Seine nackten Füße waren zur Hälfte im feinen Sand versunken. Ibrahim rauchte. Er trug eine Armeehose und ein weites, ehemals buntes T-Shirt, das sich längst der Wüste gebeugt hatte. Ausgeblichen hing das sandfarbene Stück Stoff an seinem drahtigen Körper. Darüber hatte er seine Jacke angezogen. Tagsüber, mit der Sonne, war es hier in der Sahara, circa 85 Kilometer südlich von Timbuktu, rund 35 Grad Celsius heiß. Nachts sank die Temperatur schnell auf um die fünf Grad.

Leicht zusammengesackt saß Ibrahim da – den Kopf nach vorn geneigt, die gelockten, halblangen Haare im Gesicht, die Augen schauten auf seine Hände, in denen er mit knochentrockenem Tabak und spröden Blättchen eine weitere Zigarette drehte. Das Feuer warf ab und an rötliches Licht auf ihn, und erst auf den zweiten Blick erkannte Tim die einzelnen, tiefen Falten im eigentlich jungen

Gesicht seines Gegenübers. Hinter Ibrahim schimmerte sein Jeep bläulich im Mondlicht.

Ibrahim wohnte eigentlich in der Nähe von Kidal, im Nordosten Malis. Das war mehr als eine Tagestour östlich von hier. Von Timbuktu aus würde er dorthin fahren. Bis dahin konnte er Tim mitnehmen.

Selbst wenn Ibrahim zu Hause war, schlief er meist auf dem Wüstenboden. Er war einmal in Europa gewesen. Er war Musiker und hatte damals ein paar Auftritte, die ihm ein Freund aus Frankreich vermittelt hatte. Er hatte damals in Hotels gewohnt. Er hatte auf dem Boden neben seinem Bett geschlafen. Mit einem Bett konnte er nichts anfangen.

»Wer einsam ist, ist Gott näher«, hatte der Amerikaner an der Tankstelle gesagt. Jetzt verstand Tim diese Worte noch besser. Soweit er an diesem Tag hatte blicken können: Er sah nur karge, trockene, flache Weite. Nichts war zu sehen. Nichts. Nicht einmal die zumindest ästhetisch ansehnlichen Dünen aus feinstem Sand, die überall abgebildet waren, wenn von Wüste die Rede war.

Der Alltag in der Sahara sah anders aus. Einfach nur trockene Fläche. Hier ein paar schmale Gräser, dort etwas dunklerer Boden, hier etwas hellerer Boden, viele größere Steine auf dem steinharten Sandparkett, ab und an sogar etwas Gestrüpp, aber keine augenscheinliche Schönheit, Romantik oder Ästhetik. Tims Lippen waren längst aufgerissen wegen der Trockenheit. Aus seiner Nase rieselte es morgens förmlich heraus. Der Sand war überall. Und wenn es nicht die Trockenheit war, musste sein Körper mit irgendeiner anderen extremen Eigenschaft der Wüste umgehen. Hitze, Kälte, Wind, Licht.

Aber Tims Sympathien für Mali konnte das nicht trüben. Allein auf dem Weg von der Stadt Mopti in die Sahara hatte er Landschaften gesehen, die aussahen wie in Arizona: riesige Gebirgsketten und davor Steppe. Der Fluss Niger hingegen, der ihn auf seinem Weg eine ganze Weile begleitete, war mit nichts zu vergleichen, was er zuvor gesehen hatte. Mit seinen hellgrünen Ufergräsern, seiner ruhigen Oberfläche und den vielen kleinen Siedlungen an seinem Rand strahlte er eine fast rührende Schlichtheit aus. Der schier unendliche Platz für Einsamkeit, die durchweg freundlichen, zuvorkommenden Menschen – Mali eroberte einen Platz in Tims Herzen.

Im Süden des Landes hatte es noch geteerte Straßen gegeben. Hier im Norden waren sie verschwunden. Kurz nachdem Tim und Ibrahim die Stadt Gao am Rande der Sahara in Richtung Timbuktu verlassen hatten, hatte Tim erstmals keinen befestigten Weg mehr erkennen können. Und das war eine Nacht und zwei Tage her gewesen. Seitdem war Tim stundenlang wie ein Flummi in Ibrahims Jeep umhergesprungen, während der den Wagen durchs Nichts lenkte. Vorbei an den letzten hellbraunen Hütten der Stadt waren sie gerollt, an Kindern, die Fußball spielten, und Erwachsenen, die etwas von A nach B transportierten, bevor die beiden auch das letzte Zeichen der Zivilisation hinter sich gelassen hatten. Vor zwei Tagen war das.

Ibrahim schien immer zu wissen, wo es langging. Sicher lenkte er den Jeep vorbei an Schlaglöchern, größeren Steinen, allem, was gefährlich werden konnte. Aber auch wo Timbuktu lag, schien er immer im Blick zu haben. Timbuktu. Einzig der Name war Tim bekannt. Er hatte ihn immer schon bewegt. Nichts sonst wusste er über diese Stadt, außer dass sie völlig isoliert in der Wüste lag. Abgeschnitten von allem. Früher ein Handelszentrum, heute ein Fleck im Nichts. Aber der Name schillerte für Tim regelrecht. Tim verband etwas mit ihm, was er nicht näher auf den Punkt bringen konnte.

Es hatte gereicht, um einen Flug nach Mopti zu buchen, einen Bus nach Gao zu nehmen und dort unterzukommen in einer Art Kulturzentrum, in dem Ibrahim am selben Abend mit seiner Gitarre ein Konzert gespielt hatte. Jeder seiner Songs klang traurig und lässig zugleich. Und durch die starke Halleinstellung seines Gitarrenverstärkers – er war der Einzige an dem Abend, der eine E-Gitarre benutzte – fasste seine Musik genau die Situation zusammen, in der Tim sich gerade wiederfand.

Die Musik war dunkel. Die Weite, die ganz nah war, schien unendlich in ihr. Die Möglichkeiten schienen endlos, aber ebenso die Melancholie, die auch über diesem kargen Land lag. All das und etwas Getriebenes lag in Ibrahims Musik. Etwas, das aufrüttelte, das trotz aller Liebe sagte, dass irgendetwas nicht so weitergehen konnte.

Sie waren ins Gespräch gekommen. Ibrahim wollte am nächsten Morgen nach Timbuktu aufbrechen. In ein paar Tagen hatte er dort einen Auftritt. Am nächsten Morgen hatten sie Tims Koffer oben auf dem Dachgepäckträger des Jeeps befestigt, alles mit einer blauen Plane abgedeckt, Wasservorräte gekauft und waren losgefahren.

Immer waren sie von Sonnenaufgang bis -untergang unterwegs. Dann hielt Ibrahim an irgendeiner zumindest ein wenig bewachsenen Stelle im Nichts an. Sie machten Feuer, aßen etwas, Tim legte sich auf eine Matratze, die sie ebenfalls auf dem Dach mittransportiert hatten, Ibrahim auf den Boden. Sie schliefen ein. Bis die Sonne sie weckte. Dann tranken sie süßen Tee, aßen irgendetwas, Ibrahim rauchte, dann fuhren sie weiter.

Ibrahim sprach nicht viel. Manchmal schaute er stundenlang stumm durch seine Sonnenbrille und die verstaubte Windschutzscheibe nach draußen und lenkte den Wagen. Ab und an sahen sie sich an und wechselten die nötigsten Worte, wenn es um eine Pause ging oder das Weiterfahren. Ansonsten kamen sie still miteinander aus.

Ibrahim stammte aus einer Tuareg-Familie. Das hatte er Tim bei ihrem Kennenlernen erzählt. Und nun, zwei Abende später, irgendwo im Nichts, knüpfte er dort an. Sein Vater, so erzählte er, sei von der malischen Regierung erschossen worden. Weil er als Tuareg-Nomade keinen festen Wohnsitz besaß, hatte er irgendwann territoriale Grenzen überschritten, die letztes Mal, als er an dieser Stelle vorbeigekommen war, noch gar nicht existierten. Auch die Herde des Vaters wurde erschossen.

Ibrahim liebte Musik. Lange nur die auf klassischen westafrikanischen Instrumenten gespielte, aber in einem Flüchtlingslager in Algerien habe er das erste Mal eine Gitarre gesehen und gehört. Und sich zunächst selbst eine gebaut. Und Jahre später eine eigene gekauft. Nur mit der Gitarre, sagte er, könnte er diese Sachen, die ihm widerfahren sind, halbwegs verarbeiten.

»Wo kommst du her?«, fragte er Tim.

»Ich ...« Tim schaute sich kurz um. »Ich komme auch nicht aus einer Stadt«, sagte er und fand das nur ansatzweise passend angesichts des Ortes, an dem er sich gerade befand.

Wieder Stille. Zwischen jeder Frage und Antwort der beiden vergingen Minuten, die aber nicht unangenehm waren. Es war halt der Gesprächsrhythmus hier. Und die Ruhe, die diese Lücken füllte, war für Tim in jeder Sekunde wieder unfassbar. Einzig der Wind und das manchmal knisternde Feuer waren sonst zu hören.

»Weite«, begann Tim und wusste gar nicht, wie der Satz weitergehen sollte. »Weite bewegt mich. Generell. Das war immer so. Wenn ich als junger Mann auf einer Party war – mag ich noch so sehr und gut gefeiert haben: Die bewegenden Momente waren die, in denen ich plötzlich auf der Koppel stand, auf dem Feld neben der Partyscheune. Oder auf jeder noch so seelenlosen Rasenfläche oder Straße, von der aus ich das beleuchtete Partygebäude in Gänze sehen konnte. Als die Musik nur noch dumpf dröhnte und ab und an ein paar herausstolperten und irgendetwas sagten, von denen ich nur Fetzen verstand, da der Wind manche ihrer Worte vom Winde verwehte.«

Ibrahim bearbeitete mit seinem Stock das Feuer.

»Warum bewegt dich das?«

»Ich weiß es nicht. Mich macht es einfach sehr glücklich, einen Abstand zwischen der Welt und mir zu wissen. Einen Abstand, den ich regulieren kann. Ich bin daher nicht die beste Feiergesellschaft, glaube ich. Ich schaffe es nicht, locker zu sein – alles zu vergessen. Ich frage mich sowieso, wie Leute das wirklich schaffen. Diese Eigenschaft von mir, diese Feierunfähigkeit, wird eher stärker als schwächer. Was soll ich machen? Ich stehe lieber abseits der Masse.«

Hinter ihnen knackte etwas. Der Wind hatte einen Ast oder ein Sandkorn gegen ihr Auto geweht.

»Vielleicht magst du keine Menschen.«

»Doch!« Tim überlegte und war sich gar nicht mal so sicher, dass das stimmte. »Ich glaube, es ist wirklich die Weite. Unberührte Weite. Das ist natürlich auf so einer Party Blödsinn. Man steht mitten in einer Mittelstandsgemeinde, die Musik vom Band hört und Industriegetränke trinkt. Und selbst wenn man sich davon ein paar Meter entfernt, befindet man sich auf bis zu 100 Prozent versiegeltem Terrain. Das ist nicht so wie hier. Aber nehmen wir mal die vom Wind fortgetragenen Worte. Immerhin entscheidet die Natur in dem Moment, was ich davon höre.«

Tim fühlte sich wie ein kleiner Junge. Ibrahim nickte und drehte sich noch eine Zigarette, nahm seinen Stock und zündete sie sich damit an.

»Das mag ich auch an dem, was ich von Mali bisher gesehen habe. Dieser Blick! Jedes Mal, wenn ich aus dem Autofenster schaue, sehe ich ein derart riesiges Gebiet, dass ich es niemals in einem Moment verstehen könnte. Und in diesem Gebiet ist kein Mensch. Menschenleere. Unbeschriebene Blätter. Das bewegt mich. Auch die Ruhe, die hier herrscht.«

Ibrahim rauchte auf, schmiss die Kippe ins Feuer, wartete und sagte dann: »Man kann nicht wiedergeben, wie es hier klingt«, sagte er. Dann grübelte er weiter.

Die Sterne tauchten die Nacht in silbernes Blau.

»Wenn ich in Kidal bin«, fing Ibrahim irgendwann wieder an zu reden, »fahre ich oft mit ein bisschen Wasser, etwas zu essen und einer Decke in die Wüste und bleibe dort ein paar Tage.«

Er wartete.

»Oft spreche ich in dieser Zeit kein einziges Wort. Die Natur überwältigt mich so sehr, dass ich sie nicht würdevoll füllen könnte. Ich will eigentlich Musik machen, aber ich sitze ganz lange einfach nur da und kann nicht einmal sprechen. So bewegt bin ich.«

Dann schwieg er wieder.

Sie saßen noch eine ganze Weile. Bis das Feuer fast erloschen war. Ibrahim nahm seine Decke und ging ein paar Meter von ihrem Lager weg, um zu schlafen. Tim legte sich direkt am Wagen auf die Matratze, zog den Schlafsack weit zu, um sich vor der Kälte der Nacht zu schützen, und schaute in den funkelnden Himmel, der durch keine einzige Lichtquelle gestört wurde.

Am nächsten Morgen tranken sie Tee, beluden den Jeep und fuhren weiter. Nach etwa vier Stunden tauchten die ersten sandfarbenen Häuser am Horizont auf. Ab und zu verschwanden sie wieder, je nachdem ob der Jeep sich in einer Senke oder auf einer Anhöhe befand. Aber sie kamen Timbuktu näher. Irgendwann sah Tim die ersten vereinzelten Menschen, dann die ersten Siedlungen, dann die Einfahrt zum Stadtkern.

Sand auf den Straßen, Straßen aus Sand, Wege aus Sand, Mauern aus Sand oder Lehm, alles sandfarben. Selbst der Ausblick von einem der höheren Türme über die Stadt bot nur diese eine Farbe: Sand. Und in alle Richtungen, in die Tim sich drehte, sah er hinter den Stadtmauern Timbuktus, hinter diesem Geflecht aus Gassen, das unter ihm begann und sich auf nur etwas mehr als hundert Metern fortsetzte: Wüste.

Tim ging die Treppe hinunter und ließ sich wieder von der Stadt verschlucken. Durch Tore zu Hinterhöfen sah er, wie Menschen in der Sonne Steine trocknen ließen. Er sah Männer in blauen Gewändern und Kopftüchern, die auf dem Weg in eine der Moscheen waren. Er sah Esel, ein paar Autos, Kinder in Schuluniformen. Er setzte sich in ein Restaurant, um der Hitze zu entfliehen.

Er nahm sie zunächst nur aus dem Augenwinkel wahr. Er schaute sie eigentlich nie gleich direkt an, wenn er sie entdeckte. Und hier, wo öfter mal Frauen verschleiert waren, war Tim sich zudem lange nicht sicher, ob sie es überhaupt war. Aber vor allem: Er gönnte ihr das nicht. Den Schock in seinem Gesicht, die Angst oder das Erstaunen – sie sollte das nicht haben.

Irgendetwas war anders. Er spürte ihren Blick stärker als sonst. Er spürte ihn, wie er links auf sein Gesicht drückte. Er hatte schon so viel versucht in den Momenten, in denen sie da war. Ignorieren, fragen, schreien, flüstern, den Raum verlassen, bitten, flehen, weitermachen – er war müde. Er war ihrer müde. Und er war müde vom ewigen Kampf darum, einen Weg zu finden, mit ihr umzugehen.

Er lehnte sich demonstrativ zu ihr rüber und starrte zurück. Der Kellner kam, fragte, ob er noch etwas wünsche, aber er schickte ihn weg. Er starrte nur sie an. Zum ersten Mal sah er ihre Augen so deutlich und so lange. Sie hatte grüne Augen. Tiefgrüne, fast funkelnde Augen. Sie hatte relativ starke Augenbrauen. Das sah er jetzt.

Die beiden verharrten minutenlang genauso. Sie zeigte keine Regung, während er den Eindruck hatte, er würde ihr gerade mit einer Schaufel die Augenhöhlen auskratzen. Niemals würde er aufhören. Niemals.

Aus den Minuten wurden Vierteilstunden, halbe Stunden, Stunden. Es kam ihm vor, als würde er nicht einmal mehr blinzeln dürfen. Und es kam ihm vor, als würde er das auch nicht tun. Keine Blöße. Keinen Zentimeter. Keine Toleranz. Bis sie sich regte. Bis sie sich endlich regte. Irgendwann stand er auf, ging zu ihr, nahm sich einen Stuhl und setzte sich direkt vor sie. Ihr Blick war ihm gefolgt und auch er ließ nicht einmal die Augen von ihr. Sie starrte ihn unentwegt an. So wie er sie.

Dann blinzelte sie. Ganz schnell, aber er hatte es gesehen. Und gerade als er lachen wollte oder losschreien oder sie packen und würgen und mit dem Kopf auf den Tisch schlagen, bis sie blutete, blinzelte sie nochmal. Langsam allerdings, so dass es ihn ein wenig besänftigte in seinem Hass.

Er konnte damit nicht umgehen. Also verharrte er. Irgendwann blinzelte sie noch einmal, und er spürte, dass er sich noch mehr beruhigte. Die Anspannung wich aus seinen Schultern, seinem Kopf, seinem Bauch. Und er fühlte, dass sich dadurch nichts verschlechterte. Im Gegenteil. Nach außen hin war nichts passiert. Er sah ihr in die Augen, sie ihm. Aber er kämpfte nicht mehr gegen sie an, für diesen Moment zumindest.

Nach einer Weile hob er seine rechte Hand und führte sie langsam zu ihr. Er berührte sie am Arm. Sie regte sich nicht. Er tippte sie nochmal an. Nichts. Er legte seine Hand auf ihre Schulter. Sie regte sich nicht. Er hatte Angst, dass sie zusammenzucken würde, sich bewegen, ihn an den Haaren nach hinten reißen und anschreien oder irgendetwas machen würde – egal was. Aber sie tat nichts. Sie blinzelte nur weiterhin ab und zu. Er legte seine Hand auf ihren Kopf. Nach ein paar Sekunden strich er langsam herunter. Sie starrte ihn immer noch regungslos an. Angst oder Wut spürte er nicht mehr.

Stunden vergingen. Das Licht veränderte sich. Die Sonne wanderte in Richtung Horizont. Leute kamen und gingen. Es wurde schließlich dunkel, und die beiden saßen da und starrten sich an. Noch immer verhüllte ihr Kopftuch ihr Gesicht. Nur die grünen Augen waren zu sehen. Diese Augen, die, so wurde ihm nun bewusst, wie Augen aussahen, die er kannte.

Dann durchfuhr es ihn. Es fühlte sich an, als würden alle seine Organe wie durch einen Strudel nach unten gezogen. Als würden sie durch ein Loch entschwinden und ein Vakuum hinterlassen. Als würde sich sein Herz nach innen öffnen und ebenfalls wie durch eine Sanduhr ins Nichts entschwinden. Sie lehnte ihre Stirn an seine. Er spürte ihren Schädel. Hart war er und unnachgiebig. Wie seiner. Kopf an Kopf saßen sie da. Sie sank in seine Arme. Ihr Kopf lag auf seiner Schulter und seiner auf ihrer. Eng umschlungen. Frau Sorge und er. Stundenlang.

Der Kellner hatte inzwischen alle Stühle auf die Tische gestellt und schaltete nun das Licht an. Tim löste sich langsam aus der

Umarmung. Er zahlte und ging. Er wusste, dass sie früher oder später wieder auftauchen würde. Sie würde niemals ganz gehen. Egal welche Tabletten er nehmen würde, egal welche Gespräche führen, welches Kriegsgerät er auffahren würde. Egal wie er sie hasste, sich ablenkte, wie oft er ging und zurückkam, sich allem stellte, alles verdrängte, wie oft er bereute, wie oft er Angst hatte oder wie oft er sich trotzdem freute – sie würde immer da sein. Sie gehörte zu ihm.

Es war bereits viel zu spät. Ibrahim wartete wahrscheinlich seit Stunden auf ihn. Sein Konzert musste längst vorbei sein und die Freunde, die er Tim vorstellen wollte, ebenfalls längst am Treffpunkt angekommen. Hoffentlich waren sie noch nicht verschwunden. Sie sollten Tim in ein paar Tagen mit zurücknehmen in den Süden, nach Gao, wo es einen Flughafen gab, der zumindest ab und an angeflogen wurde. Wenn sie Tim nicht mitnehmen würden, wer dann?

Er hatte keine Ahnung, wo er war. Laufen zum Treffpunkt würde selbst ohne Verirren mindestens eine halbe Stunde dauern. Und er würde sich verirren. Todsicher. Er sprach einen jungen Mann an, der gerade auf sein Motorrad stieg. Sekunden später rasten die beiden durch enge Gassen, mitten durch Timbuktus Stadtkern. Vorbei an Menschen, Lichtern, Farben, Märkten, Eseln, Mauern, Türen, Dunkelheit – es waren Gassen, durch die Tim nie allein gegangen wäre. Nach ein paar hastigen Minuten und zu engen Kurven spuckte die Stadt sie vor einer Müllkippe aus. Sie umfuhren den bunten, stinkenden Berg, auf dem Kinder spielten oder etwas suchten, sie fuhren eine Anhöhe hoch und kamen direkt vor Ibrahims Jeep zum Stehen.

Ibrahim saß auf der Motorhaube seines Wagens und rauchte. Keine Spur von Frust oder Stress. Vor ihm tummelten sich ein paar Typen, die er Tim vorstellte. Ibrahim und Tim verabschiedeten sich, wünschten sich alles Gute, und Ibrahim fuhr mit dem Jeep in die Wüste vor die Stadt, um dort zu schlafen. Tim checkte in das Hotel ein, vor dem sie sich getroffen hatten. Am nächsten Morgen traf er Ibrahims Kollegen vor dem Hotel, sie befestigten seinen Koffer auf dem Dach ihres Wagens und machten sich zusammen auf den Weg.

Die Rückfahrt nach Gao war ruppiger als der Hinweg, aber auch etwas schneller. Noch ein paar Tage sollte Tim in der kleinen Stadt bleiben. Er ging durch die sandigen Straßen und versuchte, einen Eindruck von dem Leben hier zu bekommen. Viele Häuser versteckten sich hinter Mauern, aber das Stadtzentrum und der Markt direkt am Fluss Niger waren umso lebhafter. Hinzu kamen die schönen, aus Lehm und Holz gebauten Moscheen mit ihrer schlichten, aber charakterstarken Architektur, die Tim noch nie zuvor gesehen hatte.

Ein paar Tage später buchte Tim einen Flug nach Paris, das gerade mal vier Flugstunden von hier entfernt war. Er konnte es nicht glauben, als er das auf der handschriftlich aktualisierten Tafel am Flughafen von Gao entdeckte. Und Timbuktu lag sogar noch auf dem Weg. Er dachte an die 24 Stunden, die er im Flugzeug gesessen hatte, um in Neuseeland auszusteigen, das von Engländern bewohnt wurde und im Großen und Ganzen aussah wie eine Mischung aus Norwegen und Kanada. Mali war eine andere Welt, nebenan von zu Hause.

ZWEI

Tim stieg aus der Bahn. Kaum Menschen saßen noch im Waggon, als er ihn verließ. Zwei Schülerinnen auf dem Weg nach Hause, ein älterer Herr, eine Frau mit Einkäufen in einem Korb und einer Plastiktüte. Als die Türen sich hinter ihm schlossen und die Bahn sich wenig später erst langsam, dann schneller entfernte und immer leiser wurde, drehte er sich noch einmal um und sah die zwei Waggons, aus denen sie bestand. Rot leuchteten ihre Rückscheinwerfer am Ende der Schneise, die einst in den Wald geschlagen wurde für die Gleise. Hinter einer langgezogenen Linkskurve verschwand der Zug schließlich komplett.

Wie oft hatte Tim hier schon gestanden und gewartet, dass sie um eben diese Ecke biegt und auf ihn zukommt. Wie oft war er gelangweilt durch den Wald gestapft, um sie zu erreichen. Wie oft musste er rennen, um sie zu bekommen. Wie oft dauerte es noch ewig lang von dem Moment, in dem er sie sah, bis zum dem Moment, in dem sie vor ihm anhielt und die Türen öffnete.

Er ging auch heute nicht entlang der geteerten Straße, sondern die diagonale Abkürzung durch den Wald. Der Boden war uneben, aber trocken und angenehm weich. Eine Schicht aus Nadeln und Blättern federte seine Schritte. Er kannte jeden Meter, jede Baumwurzel, die aus dem Boden ragte, jeden Baumstamm, den er übersteigen musste. Und er verirrte sich trotzdem. Mit Absicht. Mehrere Stunden.

Als es schon dunkel geworden war, erreichte er die Landstraße. Er ging sie eine Weile entlang, überquerte sie, und über einen kleinen Hügel gelangte er an die Rückseite zweier Grundstücke, die an einer Wohnstraße lagen. Zwischen den Zäunen, welche die Areale begrenzten, lag ein schmaler Pfad. Das Gras, das links und rechts hinter den Zäunen wuchs, hatte auf dem Weg nicht überlebt und war dunklem Braun gewichen.

Der Pfad mündete in der Wohnstraße, deren Fußgängerweg durch emporwachsende Wurzeln oder Frostschäden stellenweise bereits leicht deformiert war. Tim ging nach links, etwa einhundert Meter, fast bis zum Ende der Straße, bog aber vorher rechts in eine weitere Straße ab, und auf der linken Seite, vor einem rund 15 Meter tiefen Garten und einem Haus auf einer kleinen Anhöhe, das aussah wie alle anderen, hielt er an.

Drinnen brannte Licht. Schemenhaft konnte er eine Person erkennen, die auf einem Sofa saß, und eine weitere auf einem Sessel daneben. Sie bewegten sich kaum. Offenbar aßen sie, sahen fern oder lasen. Sie interagierten nicht sichtbar. Sie waren offenbar Zeitgenossen, die nicht mehr viel reden mussten. Das Licht leuchtete warm nach draußen, in die anbrechende Nacht. Sie konnten ihn nicht sehen. Das automatische Außenlicht schaltete sich erst an, wenn jemand nahe dem Haus war.

Hinter Tim auf dem Parkplatz stand das in die Jahre gekommene Auto, das er sich immer von ihnen geliehen hatte. Vor ihm lag der Garten, in dem er gespielt hatte, sich mit anderen Kindern geprügelt oder sich einfach im Dreck gewälzt, um Stunden später hundemüde ins Bett zu fallen. Und nur zwanzig Meter entfernt von ihm saßen die beiden Menschen, die ihn am besten kannten und die er am besten kannte.

Aber er ging nicht rein. Er ging nicht einmal auf das Haus zu. Er klopfte nicht an die Scheibe, er klingelte nicht an der Tür, er tat gar nichts. Selbst wenn er jetzt – nach all der Zeit, die seit seinem Verschwinden vergangen war – einfach aus dem Nichts vor ihnen stehen würde: Sie wären nicht böse. Sie wären verwirrt, aber sie wären froh. Sie würden zuhören, verstehen, egal wie absurd. Ihm Essen kochen. Er könnte ausschlafen in seinem alten Zimmer. Und so lange bleiben, wie er wollte. Keine Bedingungen. Kein Zeitlimit. Keine Abrechnung. Er musste nur diese letzten Schritte machen, anstatt hier stehen zu bleiben. Er hatte keine Angst, keine Zweifel an dem, was ihn erwarten würde, er hegte keinen Groll, er vermisste sie. Er würde nichts lieber tun, als jetzt zu klingeln und zurück zu sein.

Etwas zusammengesunken saßen sie da. Sie vergraben in ein Buch, er mit einer Flasche Bier in der Hand in der Mitte eines zu großen Sofas. Allein zu zweit, still. Wie vor zehn Jahren, wie in zehn Jahren. Immer waren sie da gewesen. Immer saßen sie genau da, wenn er, egal woher, wonach und warum, vor diesem Haus auftauchte. Er stand dann immer eine Weile am Gartenzaun in der Dunkelheit und schaute durch das große Wohnzimmerfenster.

Wie jetzt. Nicht auszurechnen die Sorgen, die sie sich machen mussten. Oder wie viele Sorgen sie sich zumindest gemacht hatten, bevor sie die Hoffnung aufgegeben hatten, dass er zurückkäme. Hatten sie? Sie mussten ja irgendwann weiterleben. Wie gut er ihnen jetzt täte. Das alles aufzulösen. Wie gut sie ihm jetzt täten.

Noch eine ganze Weile stand er da. Dann drehte er sich um und ging.

Vorbei an den Häusern, Laternen, Autos, bemalten Garagentoren, der Szenerie seiner Jugend. Jede Ecke, jede Haustür, jedes Straßenlicht, jeden Stein, jeden Hydranten, jeden Garten – alles kannte er. Alles hatte eine Geschichte für ihn. Er blieb des Öfteren stehen und konnte kaum atmen, so nah war das alles. Seine Vergangenheit war durch seine inflationäre Erinnerung an sie so entrückt, dass er kaum glauben konnte, dass es sie wirklich gab. Er hatte so oft daran gedacht, dass er dachte, diese Welt existiere nur in seinen Gedanken.

Er ging raus aus der Straße, raus aus dem Ortsteil, raus aus dem Ort, in die Feldmark. Er ging den Weg wie im Schlaf. Ab und an kam ihm ein Auto im Dunkeln entgegen. Die Scheinwerfer blendeten kurz auf, weil die Fahrer offenbar erschrocken waren, hier zu so später Stunde noch einen Menschen zu sehen. Sie wollten ihm wohl mitteilen, dass niemand hier um diese Uhrzeit noch etwas zu suchen habe. So waren die Menschen hier.

Aber ihn störte das Blenden nicht. Er ging weiter, mal auf dem Teer, mal auf einem kleinen Sandstreifen daneben. Er ging auf eine kleine Anhöhe, auf der er und Freunde sich früher immer mit einem Auto gestellt, Musik gehört und langweilige Drogen genommen hatten. Man hatte hier einen guten Blick über die Gegend.

Stundenlang hatten sie hier gestanden, die Karre vollgeraucht, gesoffen, im Sonnenaufgang und im Morgennebel ein paar Rehe auf der Wiese vor sich gesehen und waren dann irgendwie nach Hause geeiert. Wie viel sie geredet hatten und gesungen oder geschwiegen. Im Sommer hatten sie sich auf die Motorhaube oder das Dach gelegt, im Winter machten sie immer erst dann den Motor und die Heizung an, wenn die Kälte wirklich nicht mehr zu ertragen war.

Lange saß er da, auf einem Zaun vor dem Parkplatz, und schaute ins Nichts. Niemand würde jemals verstehen, warum dieser karge Landstrich ohne nennenswerte Landmarken, mit okayer Lebensqualität ihm mehr bedeutete als alles andere. Dass dieser Ort wie ferngesteuert durch die kleinsten seiner Poren in seinen Körper, in seine Adern bis in sein tiefstes Innerstes vordrang und ihn berührte. Er spürte, wie dieser Ort ohne Umwege sein Herz erreichte. Wie er sich in eine kleine Lücke in seinem Herzen setzte und irgendetwas komplett machte.

Tim ging weiter. Raus aus der Feldmark, in den nächsten Ort. Viele seiner Freunde hatten hier damals gewohnt. Mit dem Fahrrad oder später mit dem Auto hatte man sich besucht, manchmal auch mit dem Bus, aber der letzte fuhr bereits um 22:33 Uhr. Tim ging für etwa eine halbe Stunde, dann erreichte er früher, als er dachte, den Ort, der sich in Form eines Neubaugebietes ein Stück weiter in die Natur gefressen hatte.

Basketballkörbe, vor denen um diese Zeit niemand mehr spielte, Familien hinter großen Fenstern beim Essen, ein paar Leute mit ihrem Hund auf dem Gehweg – längst erlebten andere hier ihre Jugend oder andere Lebensabschnitte. Längst war die Kulisse für völlig andere etwas Ähnliches wie für ihn.

Tim erreichte die Hauptstraße, die es schon damals gab. Ein kleiner See lag an ihr, daneben die Kirche, ein Kindergarten und ein kleiner Supermarkt. Aus der Ferne hörte er Musik und Stimmen. Er ging in diese Richtung und entdeckte hinter einem Zaun und einer Wand aus perfekt gepflegten Nadelbäumen einen Garten, in dem rund 20 Menschen eine Art Grillfest feierten.

Das Haus war aus rotem Backstein gebaut, die weiße Terrassentür stand offen, kleine Kinder rannten zwischen drinnen und draußen und im Garten umher. Junge Erwachsene saßen an Tischen und unterhielten sich. Am Grill sammelten sich ein paar Typen, in der einen Ecke des Gartens standen ein paar Frauen. Sie waren alle in etwa in Tims Alter.

Tim kannte die Musik. Fast jeden Song. Es war Musik von vor rund 20 Jahren, ab und zu kurz abgelöst von etwas Neuerem. Er kannte auch ein paar der Stimmen. Und als er etwas genauer hinsah, erkannte er sogar ein paar Gesichter. Älter waren sie geworden, manche auch dicker, manche Haare waren lichter, manche Hautfarbe etwas ungesünder. Soweit er das durch die Tannenzweige aus dieser Entfernung erkennen konnte.

Die Männer trugen fast alle Jeans und Freizeithemden oder T-Shirts, die Frauen Sommerkleider und leichte Jacken darüber. Immer mal wiesen welche von ihnen, teils eingebaut zwischen zwei Halbsätzen, ihre Kinder zurecht. Manche rauchten, manche aßen, manche tranken nur. Es war ein buntes Treiben. Eben das bunte Treiben, für das man eine Arbeitswoche überlebt, für das man auf den Samstag wartet. Ein Freundeskreis. Mit allen Facetten wahrscheinlich. Höhen, Tiefen, Geheimnissen, Dramen, Tragödien, Liebe, Zusammenhalt, Selbstverständlichkeit.

Tim stand Ewigkeiten an dem zu niedrigen Zaun, hinter den dichten Tannen. Er schaute immer mal wieder nach unten auf seine Füße, dann schaute er wieder auf das Treiben. Er hätte klingeln können. Er hätte einfach ums Haus gehen können und Hallo sagen.

Er hätte sogar mit einem Schritt über den Zaun steigen können, sich durch die Tannen hindurchschlängeln, dabei fast auf die Fresse fallen, doch noch die Balance halten und sich dann erkennen lassen können.

Es hätte ein paar Sekunden gedauert, aber dann wäre es okay gewesen. Vielleicht hatten sie sein Verschwinden mitbekommen, vielleicht auch nicht. Man hatte ja eh kaum noch Kontakt, seit er woanders hingezogen war. Aber jederzeit wäre es kein Problem gewesen, dass er erschien. Es wäre sogar nach ein paar Minuten normal gewesen. Er wäre sehr schnell gar nicht mehr aufgefallen. Viel hätte man sich zu erzählen gehabt. Oder wenig. Selbst das wäre egal gewesen.

Aber er tat es nicht. Er blieb stehen. Er blieb hinter den Tannen. Und sah auf diese Szenerie. Noch eine ganze Weile. Dann ging er weiter.

DREI

Die letzten Schritte zu seiner Wohnung erschienen Tim so, als hätte er danach keinen Meter mehr laufen können. Er hatte in den letzten Monaten so lange in Flugzeugen gesessen, in Bahnen und in Bussen. Er war so viel gelaufen. Mit diesem Koffer, diesem kleinen Rucksack, den er sich zwischendurch gekauft hatte – seinem mobilen Zuhause. Hinzu kam in der rechten Hand noch eine Plastiktüte mit einer fast leeren Flasche lauwarmem Wasser, die er eh nicht mehr trinken würde. Natürlich war es Blödsinn, dass seine Energie genau bis hierhin reichte. Aber es war auch gut, dass er auf den letzten Metern war.

Dritter Stock, linke Tür. Er stellte den Koffer hin, kramte erst den Zollstock und dann seinen Schlüssel aus der linken, hinteren Hosentasche. Bereits auf der Bahnfahrt hierher hatte er ihn aus den Tiefen seiner Sachen hervorgeholt und das erste Mal seit Monaten wieder in seinen Händen gehalten. Vor seiner Haustür stapelte sich die Post, unter anderem einige Briefe seiner Bank, die Tim mit seinem Fuß beiseiteschob.

Der Schlüssel passte noch. Die Wohnung war wohl noch seine. Was Sinn ergab, da die Miete von seinem Konto die ganze Zeit weiter abgebucht worden war. Aber Tim hielt es trotzdem nicht für selbstverständlich. Wie oft hatte er sich vorgestellt, wie seine Möbel rausgetragen wurden, sein Hausstand aufgelöst, irgendwelche intimsten Geheimnisse aus irgendwelchen Schubladen und Ecken gekramt wurden, von denen er selbst nichts mehr wusste, und daraus Rückschlüsse auf sein Verschwinden und sein seltsames Wesen gezogen wurden, aber:

Es sah genauso aus wie an dem Morgen, an dem er gegangen war. Der Kugelschreiber, der ihm runtergefallen war, als er sich etwas auf die Einkaufsliste geschrieben hatte, bevor er die Wohnung verließ, lag immer noch verloren im Flur und musste längst ausgetrocknet sein. Das leere Wasserglas – er trank morgens immer ein Glas Wasser, bevor er ging – stand neben seinem Notizblock. Niemand war hier gewesen.

Tim hängte seine Jacke an den Haken, sah in den Spiegel. Er schaute sich in die Augen und begutachtete die grünlich schimmernden Ränder unter ihnen. Doch bei aller Müdigkeit entdeckte er ein leichtes Rot auf seinen Wangen. War das die Sonne gewesen? Sah das dann so aus? War es das, wonach ihn andere immer gefragt hatten nach seinen früheren Urlauben? Wo seine Bräune sei? Seine Erholung? Erholt fühlte er sich gerade definitiv nicht. Und wahrscheinlich war diese neue Farbe für andere wieder kaum sichtbar. Aber er sah sie.

Er wunderte sich, dass es nicht vergammelt roch oder ihm nicht andere Zeichen seiner langen Abwesenheit begegneten. Der Wasserhahn gurgelte ein wenig beim ersten Öffnen. Der bei seiner Abreise zum Glück fast komplett leere Kühlschrank ging etwas schwerer auf als sonst, aber das war es. In der Spülmaschine wartete das saubere Geschirr, ein paar Dosen standen auf dem schlecht angebrachten Regal in der Ecke am Küchenfenster, das allerdings auch schon vorher verstaubt gewesen war. Ein paar leere Plastikflaschen lagen umgekippt vor der Heizung, die Blume auf dem Tisch war vertrocknet – immerhin ein Opfer.

Tim stellte seine restlichen Sachen ab und ging den Flur hinunter in Richtung Wohnzimmer. Mit jedem Schritt fiel es ihm schwerer. Links ging die Tür in das Wohnzimmer ab. Er warf zunächst einen Blick in den rechts liegenden Raum, ins Bad. Sein Handtuch baumelte schief am Eingang zur Dusche. Tim setzte sich auf den Toilettendeckel und schaute gegen die gekachelte Wand. Er wollte nicht ins Wohnzimmer gehen. Er machte das Badfenster auf. Und setzte sich wieder hin.

Als er schließlich aus dem Bad durch den kurzen Flur in das Wohnzimmer ging, schaute er sich nicht im Raum um, wie er es bisher in den anderen Räumen gemacht hatte. Er blieb in der Mitte stehen und schaute aus der Balkontür. Draußen war es grau. Er hörte ein paar Kinder spielen. Ein Flugzeug flog von links nach rechts, war kurz laut. Wie immer. Auf dem Flachdach des kleineren Gebäudes gegenüber saßen ein paar schwarze Vögel. Wie immer.

Tim bewegte sich nicht. Er sah ganz ruhig aus. Seine Pupillen begannen langsam, nach links und rechts zu wandern. In Eigenregie. Wahrscheinlich fängt ein Lebewesen irgendwann automatisch damit an, die Umgebung, in der es sich befindet, zu mustern. Tim wollte das nicht, aber er konnte es nicht mehr unterlassen. Auf dem Wohnzimmertisch lag ein Haufen ungeöffneter Briefe mit schwarzem Rand.

Tim dachte an einen lauen Sommerabend vor ein paar Jahren an einem See hier in der Nähe. Mit ein paar Freunden hatten sie den Samstag dort verbracht. Gegrillt, geschwommen, gelacht, geschlafen, mit Hunden gespielt, geangelt und später waren sie mit dem Boot rausgefahren. Samstag war immer ihr Lieblingstag gewesen. Sicher eingebettet in den Freitagabend und den Sonntagmorgen.

Still ruhte der See. Die warme Sonne glitzerte auf dem von oben dunkel und weich aussehenden Wasser. Nur das Plätschern der hölzernen Ruder war zu hören. So viel im Laufe des Tages geredet und gelacht und diskutiert worden war, so ruhig war es danach. Ein stummes Abkommen. Mal ein Grinsen, mal ein Seufzen, mal ein paar wenige Worte ohne große Antwort, die sie aber auch nicht verlangten, dann wieder Stille.

Augenpaare trafen sich, aber nur kurz, ruhiger, tiefer Atem, alles im Jetzt. Die Sonne wärmte die noch leicht nasse Haut. Und wenn einer strauchelte oder gefallen wäre, alle hätten nach unten gegriffen und ihr oder ihm geholfen. Sie hätten sie oder ihn wieder reingezogen ins Boot, ihr oder ihm ein Handtuch über die Schultern gelegt, es leicht angedrückt und wären weitergepaddelt. Zusammen. Auf einem teils erstaunlich tiefen See, von dem niemand wusste, was in manchen Ecken lauerte. Aber niemand war allein.

Tim stand noch immer in der Mitte des Wohnzimmers. Er sah ganz ruhig aus.

»Was für ein Tier wärest du gern?«, hatte er sie mal gefragt, als sie nebeneinander im Bett gelegen hatten nach einem dieser Tage. Das Licht war schon gelöscht, die Sonne längst verschwunden, der Mond grinste mild am Himmel. Alles war geregelt, nichts musste mehr geschehen. Einzig der Schlaf wartete auf sie. »Ein Eichhörnchen«, sagte sie nach längerem Überlegen. Wieder Stille. »Ich wäre gern ein Fuchs«, sagte er nach etwas kürzerem Überlegen. Als er schon fast eingeschlafen war, sagte sie noch: »Dann hätten wir ja fast dieselbe Farbe.«

Er stand in der Mitte des Wohnzimmers. Er schaute aus dem Fenster auf die schwarzen Vögel auf dem Dach gegenüber. Sein Blick fiel auf seinen Laptop, der im Stand-by-Modus war. Seit Monaten. Er hatte immer mal wieder vergessen, ihn abends auszumachen. Und morgens – obwohl er es sich fest vornahm, war keine Zeit mehr dafür, ihn runterzufahren. Er berührte das Mousepad, der Bildschirm sprang an. Zu sehen war der Postausgang seines E-Mail-Fachs. In dem zu erkennenden Abschnitt: circa 30 versendete E-Mails an sich selbst. Alle einzig mit einem einzigen Buchstaben in der Betreffzeile: P.

»Warum hast du mich verlassen?«, sagte er leise.

Er stand in seinem Wohnzimmer. Er blickte auf die Vögel auf dem Haus gegenüber. Irgendwann würden sie weiterfliegen. Er sah ganz ruhig aus. Als ruhte er in sich selbst. Seine Augen hakten aus.

VIER

Er steht wieder vor seinem Elternhaus. Es ist einige Tage später, spät in der Nacht. Es ist dunkel, im Fenster leuchtet das Licht. Die beiden werden gleich zu Bett gehen, aber noch sitzen sie da. Wie immer. Still, einsam, einig. Tim geht durch die immer offen stehende Pforte über den gemähten Rasen auf den Weg, der hinter das Haus zum Eingang führt. Die Außenbeleuchtung geht an.

Er steht vor der verglasten Haustür. Tim weiß, dass die Außenbeleuchtung auch gern mal angeht, wenn ein Karnickel über den Rasen rennt. Die Automatik perfekt einzustellen – sie hatten das nie ganz hinbekommen. Tim weiß auch, dass man ihn von innen nicht sehen kann. Er kann in das Haus sehen, wenn das Licht im Flur angeschaltet ist. Aber es ist dort dunkel. Nur der offene Türspalt zum Wohnzimmer ist zu sehen. Das Licht fällt durch ihn hindurch in den ansonsten finsteren Flur.

Tims Finger wandert zur Klingel, berührt den weißen, runden Plastikknopf, drückt ihn aber noch nicht. Minutenlang steht er dort und starrt auf diesen Türspalt zum Wohnzimmer, hinter dem es wohlig warm leuchtet. Alles hinter dieser Haustür kennt er, alles ist vertraut. Die Pflanze links, das Schlüsselboard rechts, die Uhr hinten über der Tür. Fallen lassen kann er sich ab hier. Er muss einfach nur drücken – eine ihm bekannte Gestalt würde das Licht anschalten im Flur, sich aus dem Wohnzimmer auf den Weg machen zu ihm, zu lange brauchen, sich dabei wundern und schließlich die Tür öffnen.

Tim weicht zurück von der Haustür, geht den Weg zurück, über den Rasen, die Auffahrt, durch die immer offene Pforte.

Er geht seine Heimatstraße hinunter, vorbei an all den Häusern, die so ähnlich aussehen wie das, in dem er aufgewachsen ist. Er geht bis zur Hauptstraße und weiter ins kleine Ortszentrum. Er setzt sich auf den menschenleeren Marktplatz und wartet, bis der Morgen graut. Er setzt sich in ein Bäckereifachgeschäft, das gerade öffnet. Er trinkt und isst etwas. Als es gänzlich hell ist, geht er zurück zum Haus, aber vorbei an ihm, in eines der kleineren umliegenden Wälder, in denen er als Kind gespielt hat.

Das Wäldchen liegt hinter einer Wand aus hochgewachsenen Bäumen, die man von Tims Kinderzimmer aus sehen kann. Immer wieder hatte er aus seinem Fenster auf diese Bäume geschaut. Wie sie sich im Wind langsam und kraftvoll hin- und herbewegten. Dahinter begann für ihn die große weite Welt. Dahinter lag für ihn das Meer. Und selbst als er es später besser wusste: Dass dahinter ein Wäldchen lag, eine weitere Siedlung, dann etwas Brachland und dann irgendwann eine Stadt – es interessierte ihn nicht. Für immer und ewig begann für ihn dahinter das Meer.

Tim setzt sich auf eine Lichtung. Es wird ein heißer Tag werden, schon jetzt ist es warm. Er beginnt zu schwitzen. Kleine Insekten landen ab und zu auf seiner leicht feuchten Haut. Die hochgewachsenen Halme, die bis in sein Sichtfeld hineinragen, kratzen ein wenig. Er schaut auf das trockene, gelbe Gras. Es erstreckt sich bis zu einem etwa 20 Meter entfernten, verwitterten, morschen Zaun am Ende dieser kleinen Ebene. Etwas entfernt, an der Straße, rauschen Motorräder vorbei und Autos und Laster. Leise vermengen sich die Motorengeräusche zu einem Rauschen. Ansonsten hört er nur das leise Surren von Insekten. Den ganzen Tag.

Als die Sonne sich langsam wieder dem Horizont nähert, zieht in der Ferne ein Gewitter auf. Es ist immer so. Fast nach allen sonnigen Tagen staut sich irgendwann die Hitze bis ins Unangenehme und mündet in einem kleinen Weltuntergang. Dann geht alles wieder von vorne los. Direkt über Tim ist der Himmel noch klar, aber hinten sammeln sich bereits die dunklen Wolken. Sie werden langsam in seine Richtung ziehen. Sie werden diesen heißen Tag beenden, die Tiere und die Pflanzen kurzzeitig begraben unter herabstürzendem Wasser. Alles erlösen.

»Vielleicht wird es ja doch nicht regnen«, denkt Tim kurz. »Vielleicht bleibt die Zeit jetzt stehen.« Oder vielleicht kann er die Zeit in seinem Innern so weit beugen, dass er alt wird, bevor der Regen kommt. Ihm ein Bart wächst, der sich weiß färbt, ihm oben die letzten Haare ausfallen und andere Haare ihm aus der Nase wachsen. Von Früchten und Nüssen würde er sich ernähren. Auf dieser Lichtung. Unentdeckt. Er müsste sich nie wieder bewegen. Zu irgendwem hin oder von irgendetwas weg. Und irgendwann ganz friedlich einschlafen.

Hinten kommt das Gewitter. Der lange, heiße Tag wird gleich heruntergekühlt. Leise rauschen die Motoren, leise zirpen die Insekten. Alles ist gut. Der Zweifel bleibt. Der Schmerz, die Trauer. Und der Zorn. Die Messer, die in ihm wühlen. Die Erinnerung. Die Sorge.

Sie wohnen in ihm. Er grüßt sie wie alte Freunde. Zeitgenossen. In seiner Landschaft des Leids.

Der Tag geht jetzt. Es raschelt. Tim sieht etwas, etwa auf halber Strecke zum Zaun. Es trottet über die Wiese. Er erkennt durch das hohe Gras nicht, was es ist. Nur der Rücken und ein buschiger Schwanz sind zu erkennen. An einer Stelle kann er endlich einen Blick erhaschen. Es ist ein Fuchs. Er bleibt stehen. Sie schauen sich kurz an. Die Augen des Fuchses leuchten grün wie Edelsteine. Er mustert Tim.

Der Fuchs verweilt noch ein wenig. Dann dreht er seinen Kopf zurück und trottet seines Weges. Vielleicht riecht er den Müll der naheliegenden Grundstücke.

Danke

Mama, Papa, Hain Mück, Laura, Elisa, Misan, Karsten.

Alexander Broicher, Andrea Kret, Thomas Rabsch, David Micken, Oliver Hinz, Guido Klütsch.

Stephan Hartwig, Dominik Labsky, Torsten Remy, Christian Wenk.

Cleo Riege, Katrin Riege, Josh Riege, Sven Riege, Bernd Köhnlein, Andreas Kleofas, Jens Silligmüller, Matt Schwarz, Tobias Gnädig, Rolf Bremenkamp, Enno Stapel, Jan-Hendrik Hansen, Tilmann Köllner, Franziska Niesar, 休暇中にドライブ, Michael Mickisch, Katsura Kawasaki, Nobuki Kawasaki, Eva, Sascha, Lydia, Harry, Chico, Adam Schepaniak, Michael Dietz, Niklas Potthoff, Tim Kemmerling, Linda Schelberg, Stefan Deimer, Dennis Ebel, Sabine Goettsch, Sönke Langbehn, Matthias Kammel, Carsten Stricker, Paul Lution, Michael Dietz, Matthias Klaubert, Simon Hesse, Nadja Azimi, Schiwa Schlei, Hauke Hackstein, Jens Nave, Mike Litt, Dr. Torben Küchler, Bassett und alle weiteren Supporter.

Biografie

Jochen Schliemann, geboren 1976, ist seit knapp 20 Jahren Kultur- und Reisejournalist sowie Fotograf, Dozent, Lektor, Geograph und Medienwissenschaftler. Neben über 500 Künstler-Interviews für Print, Radio und Online veröffentlichte er Reisegeschichten in unter anderem in GEO Saison, dem Rolling Stone, Galore, Visions und für den WDR. Zudem ist er zweiwöchentlich zusammen mit seinem Moderations-Partner Michael Dietz im erfolgreichen Podcast »Reisen Reisen« zu hören und singt bei der Kult-Glamrock-Band Lazer (u.a. Auftritte bei Rock Am Ring und Rock im Park).

Schliemanns tiefe Liebe zum Reisen ist in jeder Zeile seines Debütromans spürbar. Alle geschilderten Orte, die teils fernab der gängigen Touristenwege liegen, hat er in mehrmonatigen Reisen selbst besucht. Seine atmosphärischen Schilderungen vermischt er mit seinem Hang zur entrückten Fiktion und dem assoziativen Schreiben. Hinzu kommen Beobachtungen seiner Generation, die zwischen zu vielen Möglichkeiten, Spießertum, dem Erbe der Älteren und der eigenen Selbstinszenierung durch die Welt irrt. All das prägt Schliemanns Debütroman.